# Wunschträumen

## Ein Workbook

Karin Schranz-Klippl

Marguerite Harnoncourt • Claudia Umschaden • Iris Floimayr-Dichtl • Ines Hofbaur

Impressum

© 2021 Verlag Karin Schranz-Kippl • Alle Rechte vorbehalten
ISBN CODE 978- 3- 200- 07614- 3
Idee, Herausgeberin und Autorin:
Karin Schranz-Klippl • www.wunschtraummuschel.at
Co-Autorinnen:
Marguerite Harnoncourt • Mag. Claudia Umschaden
Dr. Iris Floimayr-Dichtl • Mag. Ines Hofbaur
Grafik: Lisa Weber • www.lisawebergrafik.at
Lektorat und Korrektorat: Conny Sellner
Coverfoto und Porträts: Miriam Mehlmann • www.miriammehlmann.at
Mag. Ines Hofbaur
Druckerei: Druckerei Berger/Horn • Printed in Austria

PRINTED IN
AUSTRIA

# Inhaltsverzeichnis

## Über mich

Mein Name ist Karin Schranz-Klippl, ich bin Pädagogin, Fachberaterin für „Holistische Gesundheit und Ernährung", international zertifizierte Kursleiterin für Babymassage, Autorin und Verlegerin. Außerdem habe ich drei wundervolle Kinder und war zehn Jahre lang Moderatorin beim ORF, wo ich als „Lottofee" anderen Menschen Glück bringen durfte. Nach meinem erfolgreichen Kinderbuch „Stella und die Wunschtraummuschel" widme ich mich in diesem Workbook den Wünschen, Zielen und Ängsten Erwachsener.

Getreu dem Motto: „Hör niemals auf zu träumen!"

Dieses Workbook begleitet die Reise von:

........................................................................................................

Das ist mein größter Wunschtraum:

........................................................................................................

# Hör niemals auf zu träumen!

Ganz am Anfang jedes Projekts, jeder Idee und jedes Ziels steht immer ein Wunschtraum! Von all dem, was du erreichen möchtest, hast du zuerst stets eine ganz konkrete Vorstellung. Solltest du jemals damit aufgehört haben, dir etwas konkret zu erträumen und dir vorzustellen, dann hast du auch aufgehört, an dich zu glauben.

Dieses Workbook soll dir dabei helfen, dich deinen Wünschen und Träumen wieder mehr öffnen zu können, und dir zeigen, dass der Mensch, der alles erreichen kann, du selbst bist. Du kannst dich damit auf den Weg machen, auf die innere Suche nach deiner ganz persönlichen Wunschtraummuschel, die bereits bei/in dir ist. Und da es oft allein nicht möglich erscheint, versuchen wir es auf diesem Weg gemeinsam. Mit vereinten Kräften, viel Erfahrung und Wissen.

In diesem Workbook möchte ich einige positive Erlebnisse und Erfahrungen aus meinem Leben mit dir teilen.

Außerdem habe ich meine ganz persönliche Auswahl an Expertinnen für dich getroffen, die dich in diesem Buch begleiten. Diese tollen Frauen sind alle zum richtigen Zeitpunkt in mein Leben gekommen. Aber nicht durch Zufall!
Denn Zufälle gibt es für mich nicht.

Die Co-Autorinnen Marguerite Harnoncourt, Claudia Umschaden, Iris Floimayr-Dichtl und Ines Hofbauer bringen dir in diesem Buch die Themen Glaubenssätze, Ängste, Zielsetzungen und Visualisierung auf eine spannende und einfühlsame Art näher. Wenn du dir zusätzliche Tipps und Infos der Expertinnen holen willst, findest du am Ende des Buches alle Kontaktdaten.

## Aber Achtung!

So wie der Name schon sagt, handelt es sich bei diesem Buch um ein Workbook. Das bedeutet, es wird auch Arbeit sein. Aber solche, die sich lohnt! Es wird gute und andere Tage geben. Dieses Buch wird vielleicht nicht jeden Tag gut funktionieren. An manchen Tagen wirst du es gar nicht in die Hand nehmen wollen, an anderen hingegen gar nicht mehr zur Seite legen können.

Da du es aber jetzt in Händen hältst, es den Weg zu dir gefunden hat, hast du vielleicht einen Wunschtraum in dir! Und du hast vielleicht auch das Thema Ängste in deinem Leben, in dir oder in deiner Familie. Und du möchtest daran etwas verändern.

## Also wann, wenn nicht jetzt?

Ich wünsche dir viel Freude auf der Reise zu deiner Wunschtraummuschel!
Viel Erfolg bei der Erfüllung deiner Wunschträume und viel Spaß mit diesem Buch!

## Die Reise zu deiner Wunschtraummuschel

Stell dir vor, es gebe eine Muschel, mit deren Hilfe deine Wünsche in Erfüllung gingen.

Was würdest du dir wünschen, wenn du solch eine Wunschtraummuschel finden würdest?
Eine Muschel, die dir jeden Wunschtraum erfüllt! Jeden!
Egal, wie groß oder unrealistisch er dir auch erscheinen mag!

In meinem ersten Kinderbuch „Stella und die Wunschtraummuschel" (das, nebenei erwähnt, auch ein langgehegter Wunschtraum von mir war) findet die ängstliche Hauptfigur Stella bei einer Reise ans Meer genau solch eine Wunschtraummuschel. Mit Hilfe der Muschel und durch die Kraft der guten Gedanken schafft es das kleine Mädchen, seine bösen Träume zu vertreiben und seine Ängste zu besiegen.

Als ich das Buch geschrieben habe, wusste ich noch nicht, wie aktuell das Thema Ängste werden würde in dieser herausfordernden Zeit. Bei meinen interaktiven Lesungen und Kinderevents stelle ich auch den kleinen Zuhörer*innen immer die Frage: „Was würdest du dir wünschen?" Und da kommt so viel!
Vor allem ändern sich ihre Gesichter, wenn die Kinder an ihren Wunschtraum denken – sie bekommen leuchtende Augen und lächeln. Sie sind glücklich!
Die Kinder wünschen sich oft ein eigenes Pony, möchten fliegen können oder unsichtbar sein. Die Wünsche sprudeln nur so aus den Kindern heraus.

Kinder haben es noch. Dieses Leuchten.
Diesen Mut und diese unglaublich kraftvolle Vorstellungsgabe.
Diese Großartigkeit. Dieses Strahlen.

Und wenn ich diese Frage Erwachsenen stelle? Dann herrscht meistens erst einmal Stille. Und doch liegt etwas Magisches in der Luft. Wenn wir Angst in Neugier umwandeln, so wie Kinder dies oft instinktiv tun, wird unser Leben wesentlich spannender und erfolgreicher!

Also zurück zur Frage:
Was ist dein größter Wunschtraum? (Geh bitte nochmal ganz zum Anfang des Buches und trage es ein)
Warum wünschst du es dir? (Die „richtige" Antwort auf diese Frage wird immer ein Gefühl sein!)
Wie möchtest du sein?
Und vor allem: Wie möchtest du dich fühlen?

## Die Zauberkraft liegt in dir

Du selbst bist die Magierin oder der Magier deines Lebens! Wenn ich dir sage: „Du kannst sein und werden, wer du möchtest. Du hast es in der Hand!" Wie klingt das für dich? Und mehr noch: Du schuldest es dir sogar, all das zu werden, wovon du träumst!

Gedanken erzeugen Emotionen. Diese Emotionen erzeugen Handlungen. Und diese Handlungen erzeugen deine Realität. Achte also auch oder gerade im Alltag und in herausfordernden Zeiten auf deine Gedanken! Gerade dann, wenn es schwer erscheint, ist es so wichtig, darauf zu achten, was man denkt. Ich habe dazu einmal den treffenden Rat bekommen, nicht alles zu glauben, was ich denke.

Die Hauptfigur meines Kinderbuches, das Mädchen Stella, schafft es mit der Kraft der positiven Gedanken, ihre Ängste und bösen Träume zu vertreiben. Und sie schafft das ganz allein. Durch die Kraft der Visualisierung. Ganz ohne die Hilfe der Wunschtraummuschel, denn sie hat diese Kraft bereits in sich. So wie wir alle! **Auch du hast diese Kraft in dir!**

Buchzitat aus „Stella und die Wunschtraummuschel":

Doch an diesem Abend kommt es anders. Als Stella so weit ist, schlafen zu gehen, spricht sie wieder zu ihrer Wunschtraummuschel: „Ich wünsche mir, dass ich zaubern kann!" Doch anstatt Stella sofort ins Land der schönen Träume zu schicken, antwortet die Muschel: „Aber das kannst du doch bereits!"
Stella öffnet ihre Augen und setzt sich in ihrem Bett auf. Verwundert sieht sie die wunderschöne Muschel an: „Ich kann zaubern?" „Ja das kann man schon so nennen. Nicht ich habe dir schöne Träume gebracht, das warst du ganz alleine, Stella!" „Ehrlich?"- Noch etwas verunsichert schaut das Mädchen die Muschel an.
„Ja, du hast dir ganz fest etwas Schönes gewünscht. Und damit waren in deinem Kopf auch nur schöne Gedanken – kein Platz für böse Monster, du selbst hast sie vertrieben!

Und nicht nur das. Stella schafft es sogar, ihre Eltern (und auch die Eltern meiner kleinen Zuhörer*innen) damit zu begeistern. Sie weckt durch ihre Erlebnisse und Erfahrungen mit der Wunschtraummuschel vielleicht etwas längst Vergessenes bei uns allen.

### Erinnerst du dich manchmal an dein kleines, junges Ich?

Wenn du an etwas Schönes denkst, an deinen ganz persönlichen Wunschtraum – wie fühlst du dich dabei? Glücklich? Leicht? Dankbar? Lebendig? Stolz? Genau diese Gefühle ziehen Unglaubliches in dein Leben. Als ich begonnen habe, meine Träume aufzuschreiben und aufzumalen und auch Fotos und Bilder davon aufzuhängen, war das irrsinnig kraftvoll. „Visualisierung" lautet das Zauberwort, mehr dazu erfährst du im Kapitel von Ines Hofbaur. Meine Hauptfigur Stella denkt an etwas Schönes. Sie wünscht sich jede Nacht einen Wunschtraum. Und sie lernt, wie sie mit der Kraft dieser Vorstellung ihre bösen und ängstlichen Gedanken verdrängt. Die schönen Illustrationen in meinem Kinderbuch tragen auch dazu bei. Schöne Bilder. Bilder, die du gedanklich abrufen kannst. Für Kinder oft eine einfache Übung, für uns Erwachsene umso schwerer, je länger wir es nicht mehr geübt haben. Aber es ist jederzeit möglich, wieder deine eigenen Visionen zu kreieren. In den weiteren Kapiteln in diesem Workbook erfährst du genau, wie das funktioniert.

Am Ende jeder meiner Lesungen und Kinderevents teile ich kleine Wunschtraummuscheln aus. Sie liegen alle, jede einzigartig, in einem Körbchen, und jedes Kind darf einmal hineingreifen und seine eigene Wunschtraummuschel mit nach Hause nehmen. Die Kinder hegen ihre Muscheln wie einen kleinen Schatz. Und ganz oft greifen auch die Eltern auf der Suche nach ihrer Wunschtraummuschel hinein. „Darf ich bitte auch eine Muschel haben?", „Oh, ich brauche auch eine Wunschtraummuschel!". Solche Sätze höre ich nicht nur von den Kindern.

Die Wirkung der Muschel ist unglaublich. Und wenn man sie erst einmal gefunden hat, gehört sie einem für immer.

Und wirklich! Als Stella am nächsten Morgen aufwacht, ist sie sich ganz sicher, wieder eine Nacht voller schöner Träume gehabt zu haben. Sie fühlt sich ausgeschlafen und fröhlich. Sie weiß zwar nicht mehr ganz genau, was sie alles geträumt hat, dafür weiß sie ganz genau, dass es schön war. Stella läuft glücklich aus ihrem Zimmer und springt in das große Bett ihrer Eltern. Sie kuschelt sich zwischen die beiden und als Draufgabe bekommt heute jeder einen dicken Guten-Morgen-Kuss auf die Wange. „Hoffentlich habt ihr auch so schön geträumt!", sagt sie zur Begrüßung. Stellas Mama lächelt: „Eines würde mich interessieren, Stella. Wie ist es dir nur gelungen, von heute auf morgen deine schlechten Träume zu vertreiben?

Ja, wie gelingt es Stella wirklich? Sie hat Vertrauen! Und genau dieses Vertrauen solltest du auch haben. Vertraue darauf, dass alle Antworten in dir sind. Die Antwort kommt aus der Tiefe deines Herzens!

Stella setzt sich im Schneidersitz ans Bettende und meint: „Weißt du, gegen schlechte Träume helfen schöne Gedanken!" Stella nimmt ihre Mama an der Hand und zieht sie in ihr Zimmer. „Schöne Gedanken?", fragt Mama und lässt sich zum Nachtkästchen führen. „Ja, Mama! Es ist ganz einfach! Bevor du schlafen gehst (Anmerkung: mit ein bisschen Übung auch jederzeit!) denkst du an etwas, das dir besonders Spaß macht!" Jetzt steckt auch Papa verschlafen seinen Kopf bei der Tür herein: „Zum Beispiel in den Urlaub fahren?" „Ja genau!", ruft Stella. Die Eltern nehmen jetzt auf Stellas Bett Platz und fragen gleichzeitig: „Und dann?" „Dann träumst du auch davon", sagt Stella- und öffnet ganz langsam ihr Nachtkästchen. Stellas Eltern schauen neugierig hinein. Die Wunschtraummuschel liegt still im Eimer. Noch bevor sie zu glitzern und zu leuchten beginnt, schlägt Stella die Türe des Nachtkästchens wieder zu. „Wenn euch einmal gar nichts einfällt, dann denkt doch einfach an das Meer und an eine wunderschöne Muschel!" [...]

„Das ist eine gute Idee!", sagt Mama und fängt an, die Badesachen einzupacken. Sie hat jetzt auch große Lust bekommen, ein paar Muscheln zu suchen.

*Achtsamkeitsübung:* Geh in die Natur und versuche, sie mit den Augen eines Kindes zu sehen. Betrachte die Pflanzen, Steine (oder Muscheln) ganz genau und höre dabei zu, wie dein inneres Kind zu dir spricht. Lass alles auf dich wirken, und zur Belohnung wirst du in eine Welt eintauchen, die du längst schon vergessen hast.

Die Mama von Stella ist schwer beeindruckt von ihrer großartigen Tochter und der Art, wie sie mit ihren Ängsten umgeht. Ich kann Stellas Mama sehr gut verstehen, denn auch ich bin sehr oft begeistert von meinen drei Kindern. Was macht diese Situation mit Stellas Mama? Vor allem, als Stella schlimme Albträume plagen. Die Familientrainerin Claudia Umschaden gibt in ihrem Kapitel wertvolle Tipps für den Umgang mit ängstlichen Kindern.

Welche Gedanken kommen Stellas Mama in den Kopf? Warum möchte sie nach Stellas Erzählung auch ihre ganz eigene Muschel suchen? Wahrscheinlich aus den gleichen Gründen, die auch dir einfallen. Vielleicht möchte sie mehr. Vielleicht ist es die Sehnsucht nach einem erfüllten Leben. Vielleicht sind es die Gedanken und Gefühle des Glücks und der Freiheit. Vergiss dabei niemals, dass deine Gedanken stets frei sind und du allein darüber bestimmst, wie du denkst. In jeder Situation, sei sie noch so schwer, kannst du dich entscheiden, wie du über sie denkst und mit ihr umgehst. Auch wenn es sich nicht immer so anfühlt. Wenn dir diese Art zu denken schwerfällt, bist du nicht allein. Und: Achte auch darauf, wie du über dich selbst denkst und sprichst! Dahingehend sind wir ja meist selbst unsere schärfsten Kritiker... kennst du das auch von dir? Stichwort: Selbstliebe! Die können wir nämlich alle gut brauchen, egal, wie unsere eigene Kindheit war.
.

Am Ende zählt stets die Liebe, denn Liebe ist immer stärker als Angst!

Die Kraft deiner Gedanken geht so weit, dass du immer recht haben wirst – egal, wie du über etwas oder jemanden denkst. Stichwort: selbsterfüllende Prophezeiung! Negative Gedanken ziehen negative Gedanken an. Genau so funktioniert es umgekehrt auch mit positiven Gedanken. Deine innere Einstellung ist entscheidend, ob du glücklich und angstfrei bist!
Als ich mein Buch „Stella und die Wunschtraummuschel" geschrieben habe, war meine größte Inspiration meine älteste Tochter. Und nicht zuletzt war ich auch selbst das kleine Mädchen, das alleine und voller Angst in seinem Bettchen lag. Mir ist in der Zeit nämlich klar geworden, dass nicht nur die schlaflosen Nächte meiner Tochter, sondern auch ich, oder sogar vor allem ich, meine eigenen Gefühle und meine eigene Geschichte einen großen Anteil an der Idee und der Entstehungsgeschichte des Buches hatten. Es vergingen übrigens Jahre, bis mein Kinderbuch dann tatsächlich erschienen ist. Ich habe aber an meinem Traum, es zu veröffentlichen, immer festgehalten und nie aufgegeben. Und rückblickend gedacht, bin ich sehr dankbar dafür, dass es so lange gedauert hat.
Dieses große Gefühl der Dankbarkeit ist unglaublich kraftvoll: Dankbar sein und Danke sagen für etwas, bevor es eingetreten ist. Das ist ein klares Zeichen dafür, dass du bereit bist, es zu empfangen. Du machst dich dadurch „voll" damit – und ziehst somit an, was du dir erhoffst.

# Keine Angst vor der Angst!

Die pädagogische und entwicklungspsychologische Grundlage meines Kinderbuches „Stella und die Wunschtraum-muschel" sind Ängste bei Kindern in verschiedenen Entwicklungsphasen. Für mich als dreifache Mami auch gelebtes Wissen. Wie können wir gerade auch in herausfordernden Zeiten positiv bleiben und uns nicht von unseren Ängsten dominieren lassen?

Oft wünscht man sich, völlig angstfrei zu leben. Angstfrei heißt jedoch, dass die Angst gar nie da ist, in keiner Situation. Ängste sind jedoch auch wichtig und haben ihre Berechtigung, denn sie warnen uns vor gefährlichen Situationen. So haben uns Ängste früher vor wilden Tieren gewarnt und unseren Fluchtreflex ausgelöst, wenn wir in Gefahr waren. Dieses Wissen über Angst und den Umgang mit seinen eigenen Ängsten trotz seiner Ängste ist so wichtig. Angst ist also ein Gefühl, das uns Menschen seit vielen tausenden Jahren beschützt hat. Angst schärft all unsere Sinne und aktiviert die Kräfte in unserem Körper, die uns schützen – den Überlebensmechanismus. Das, wovor man Angst haben muss, ist entweder von Geburt an (oder auch schon vorgeburtlich) angelegt, oder wird in der frühen Kindheit erworben. Es wird in der sogenann-ten Amygdala gespeichert und bleibt uns ein Leben lang erhalten. Schwierig wird es nur, wenn die Angst so groß ist, dass sie uns komplett in unserem Tun blockiert. Oder im gegenteiligen Fall: Wenn uns die Angst völlig fehlt und man echte und realistische Gefahren (z.B. im Straßenverkehr) womöglich gar nicht mehr wahrnimmt.

Doch was passiert nun im Alltag, in einer Beziehung, im Job, in unserem Leben, von dem wir träumen, und das wir uns so sehr wünschen? Was passiert im Laufe der Zeit mit unseren Träumen und Sehnsüchten, mit unseren Vorstellungen von unserem Leben und mit uns selbst? Machen uns da unsere Ängste nicht oft einen Strich durch die Rechnung? Denn eigent-lich haben wir so viel mehr drauf, als unser kleiner Verstand uns immer wieder erzählen möchte.

*Wir verpassen so viel Schönes, weil wir im richtigen Moment mit den falschen Gedanken beschäftigt sind.*

Als Erzieherin, Hortpädagogin und Lehrerin war und ist es mir wichtig, die fachlichen Hintergründe für alle Eltern zugänglich zu machen. Vielen Eltern kann man bereits Ängste nehmen, indem man sie informiert und Zusammenhänge erklärt. Mit ungefähr drei bis fünf Jahren sind Kinder in der sogenannten "magischen Phase". In dieser Zeit sind sie besonders krea-tiv und haben eine ausgeprägte Fantasie. Sie erfinden tolle Geschichten, glauben, sie können zaubern, aber sehen auch schreckliche Monster. In dieser Phase kommt besonders die Angst vor Dunkelheit und vor gruseligen Gestalten ins Spiel. Nachts ertönen oft Weinen und Mama-Rufe aus dem Kinderzimmer. Beruhigende Einschlafrituale, wie Geschichte vorlesen und kuscheln, helfen dem Kind, sich in seinem Zimmer sicherer zu fühlen. Auch ein Nachtlicht oder eine spaltbreit geöff-nete Zimmertür geben dem Kind ein Gefühl von Sicherheit. Während dieser magischen Phase ist für dein Kind in seiner Vorstellung alles möglich! Alles, was dein Kind sich in der Zeit wünscht und denkt, Schönes aber auch Schreckliches, könnte gefühlt tatsächlich eintreten.

Was dein Kind selbst denkt und tut, sieht es als Anlass für vieles, was in der kindlichen Welt passiert. Zusätzlich ahnt oder befürchtet dein Kind, dass auch andere Kinder und Erwachsene, aber auch böse Hexen, Feenwesen und gruselige Monster, auf die gleiche Weise etwas mit seiner Familie oder ihm selbst geschehen lassen können. Dieses Muster nennt man „magische Logik". Viele alterstypische Ängste haben hier ihren Ursprung. Bei den meisten Kindern gewinnt jedoch ab circa fünf Jahren langsam wieder das "realistische" Denken die Oberhand.

Zwischen fünf und sieben Jahren schnappen die Kinder sehr viele Informationen in ihrem Umfeld auf. Wenn sie beispielsweise im Radio oder Fernsehen von Kriegen, Gewalt und Katastrophen – oder, wie im Moment aktuell von einer weltweiten Pandemie hören, – entwickeln sie eine entsprechende Angst. Kinder beziehen in dieser Phase alles Gehörte auf sich. In diesem Alter ist es wichtig, mit den Kindern darüber zu sprechen und zu reflektieren.

**Wir waren alle einmal kleine und oft auch ängstliche Kinder.** Die Erlebnisse in unserer Kindheit, und wie wir durch ängstliche Phasen begleitet wurden, sowie unsere Wunschträume von damals beeinflussen unsere Gegenwart, unser Erwachsensein. Und doch kannst du dir jederzeit deine Themen noch einmal ansehen und auch negative Glaubenssätze umwandeln und loslassen.

Als ich mit knapp 25 Jahren zum ersten Mal Mutter wurde, durfte ich mir das Thema Angst nochmal genauer ansehen. Was steckt hinter der Angst um mein Kind? Wann schlägt Sorge in Angst um? Wann nützt sie mir, um mich und mein Kind vor Gefahren zu schützen? Wann hindert mich meine Angst, so zu sein, wie ich wirklich bin und leben möchte? Glücklich und frei, selbstbestimmt und in meiner Kraft? Und warum ist mein Kind ängstlicher als andere, und wie kann ich es bestmöglich begleiten? Ich kann alle Eltern sehr gut verstehen, die in verschiedenen Lebensphasen – den eigenen sowie jenen der Kinder – Schwierigkeiten haben. Bei einem meiner Kinder hatte ich, vor allem in der Phase der Pubertät, plötzlich große Angst, es zu „verlieren". Die Bindung zu meinem Kind aufrechtzuerhalten, war schwierig. Eines meiner Kinder hatte selbst extreme Verlust- und Trennungsängste. Die Eingewöhnung in den Kindergarten war bei diesem Kind ein langer, schmerzvoller Prozess. Ich hinterfragte, inwiefern meine damalige Lebenssituation (ich war vom Vater meiner ersten beiden Kinder getrennt) und meine Reaktion darauf voller schmerzhafter Emotionen und Trauer daran mitbeteiligt waren. Meine Wirkung und meine Reaktionen auf das Verhalten meiner Kinder waren mir damals noch nicht so bewusst wie heute.

**Trotz meiner pädagogischen Ausbildung ist die Beziehung zu meinen eigenen Kindern noch weit spezieller, und oft durchlebte ich als Mama schwierige Phasen.** Ungebetene Ratschläge und andere Meinungen können bei Eltern viel Unsicherheit und Ängste auslösen, und solche Erfahrungen kreieren wiederum falsche Glaubenssätze. Wie du sie loswirst, erfährst du auch in diesem Workbook. Wenn man sich jedoch bereits als kleines Kind gesehen und angenommen fühlt, auch mit all seinen Schwächen und Ängsten, dann kann man sich öffnen. Das ist oft der erste Schritt zur Reflexion und zur Veränderung – und damit letztendlich zur Heilung verletzter Gefühle. Und was wir in unserer Leistungsgesellschaft leider viel zu oft vergessen: Wir müssen das Leben nicht allein bewältigen! Wir waren nie dazu bestimmt. Verständnis und Unterstützung fehlen oftmals. Stattdessen ist unsere Gesellschaft gefühlt immer am Fehler-Suchen, Kleinhalten und Ängste-Schüren.

Kinder angstfrei zu begleiten, ist unglaublich herausfordernd und intensiv, doch gleichzeitig auch so wertvoll und schön! Mutter zu werden, war für mich das Beste, was mir jemals passiert ist.

## Meine magische Kraftquelle

Ich habe drei „Wunschtraumgeburten" hinter mir. Dafür bin ich unendlich dankbar. Ich wünschte, dass alle Mamas so wundervolle Geburtserlebnisse haben könnten, wie ich sie hatte. Meine Geburten waren meine schönsten Erlebnisse von positiver Visualisierung und absolutem Vertrauen in mich und meinen Körper. Und auch von Vertrauen in meine Kinder, von Anfang an. Ich war an diesen Tagen so ganz bei mir, und es fühlte sich an, als sei die Zeit stehengeblieben. Kraftvoll und magisch!

An Tagen, an denen ich gestresst, kraftlos oder traurig bin, nehme ich zwei bis drei tiefe Atemzüge und denke an diese drei Lieblingstage in meinem Leben zurück: Als ich meine Kinder zum ersten Mal sah. Als ich meine Kinder zum ersten Mal außerhalb meines Körpers berühren durfte. Als sie mir das erste Mal in meine Augen sahen und ich das erste Mal ihre Stimmen hörte. Dieses kraftvolle und glückselige Gefühl. Jenseits von Glaubenssätzen und Vorurteilen wie beispielsweise: „Na, mit deinem schmalen Becken könnte es eng werden für dein Baby."
Wusstest du übrigens, dass der Beckenboden mit deinem Kiefer zusammenhängt? Deshalb öffnen Wehende oft instinktiv den Mund beim Ausatmen. Und auch in anderen Situationen öffnen wir beim Atmen im Zusammenhang mit dem Beckenboden den Mund. Du kannst dir wahrscheinlich vorstellen, welche ich meine – und ja das betrifft auch Männer!

Ich habe mit meinen Babys bereits in den Schwangerschaften viel gesprochen und mit ihnen abgemacht, dass sie schnell herauskommen, wenn es losgeht. Ich hatte die feste Absicht: „Where intention goes, energy flows!" Dieser Spruch bewahrheitet sich immer wieder. Mehr dazu findest du auch in diesem Workbook.
So leicht habe ich es mir also gewünscht und vor allem vorgestellt. Andere Gedanken waren nie in meinem Kopf. Ich hatte zu keinem Zeitpunkt meiner Schwangerschaften Angst vor der Geburt. Ich hatte immer ein gutes Gefühl. Ich hatte auch zu keinem Zeitpunkt der Geburten große Angst. Im Gegenteil: Ich habe mich wie eine Göttin gefühlt! Wenn ich mir bei einer Wehe noch gedacht habe:"Ich kann das vielleicht nicht, ich halte das nicht aus." Dann wusste ich nach der Wehe: „Ich habe es ausgehalten!" Und so ist es doch mit all unseren Ängsten: Es ist der Gedanke, dass wir die Angst nicht aushalten. Deshalb ist es so wertvoll und wichtig, auf unsere Gedanken zu achten.
Ich bin mir sicher, dass viele Geburten einfacher und komplikationsloser abliefen, wenn wir Frauen gestärkt, angstfrei und voller Vertrauen in dieses Abenteuer gingen. Jede Frau sollte auf ihre eigene Art und Weise gebären, genauso, wie sie möchte: Angstfrei, selbstbestimmt und von Anfang an in Verbindung mit ihrem Kind. Das ist mir ein wichtiges Anliegen.

**Übrigens:** Der Ausstoß des Bindungshormons Oxytocin erreicht seinen Höhepunkt beim Durchtreten des kindlichen Köpfchens. Und zwar nicht nur im Körper der Mama, sondern auch in dem des Babys. Alle Anstrengungen, Ängste und Schmerzen sind dann vergessen. Was bleibt, ist das pure Glück und eine Liebe, die du so noch nie in deinem Leben gespürt hast. Man ist richtig „high" davon! Unglaublich, oder?

Mir ist vollkommen bewusst, dass dieses Thema schwierig ist, und ich habe größten Respekt vor allen Eltern, die in solchen Situationen Unschönes oder Trauriges erlebt haben. Ich habe mich jedoch gerade deshalb dazu entschlossen, dir von meinen Erfahrungen zu erzählen. Ich möchte dir mit diesem Workbook auch ein Stück von mir und meinen ganz persönlichen Erlebnissen schenken. Weil diese Geburtserfahrungen für mich persönlich die Schlüsselmomente des Fokussierens und Visualisierens des Guten (das gesunde Baby im Arm halten) waren. Weil es eben nicht genug ist, dass das Baby „Hauptsache gesund" ist. Weil unsere Gefühle während der Erfahrungen der Geburt für immer bei und in uns bleiben.

Wie wir behandelt wurden, wer für uns gesorgt hat, wer uns unterstützt hat – so wie bei jedem großen, emotionalen Ereignis! Bei meiner ersten Schwangerschaft vor 21 Jahren war ich weit entfernt vom Wissen über Hypnobirthing, aber als ich vor Kurzem davon erfahren habe, hat es meine intuitiven Verhaltensweisen und schönen Erlebnisse von damals bestätigt.

Der englische Gynäkologe Dr. Grantley Dick-Read, der sich sehr für die natürliche Geburt einsetzte, beschreibt in seinem Buch „Childbirth without fear" die Zusammenhänge zwischen Schmerzen und Ängsten im Geburtsverlauf. Er geht davon aus, dass die Angst vor den Schmerzen der Geburt zur Verkrampfung und damit erst zu den eigentlichen Schmerzen führt. Ist das nicht spannend? Daher sollte das Ziel einer mentalen Geburtsvorbereitung auch immer die angstfreie Geburt sein. Und selbst wenn du keine Kinder hast, keine möchtest, oder du ein Mann bist, kannst du dir vielleicht trotzdem etwas davon mitnehmen. Als Beispiel für eine Extremsituation, in der du eventuell selbst in der Hand hast, wie du dich dabei und hinterher fühlst, und wie es dir damit geht!

Um meine Kräfte zu mobilisieren und schwierige Situationen durchzuhalten, hilft es mir, alle Gefühle zuzulassen. Mir zu erlauben, dass sie jetzt da sind. Und so wie Gefühle kommen, gehen sie auch wieder. Leider auch die guten, aber vor allem auch die schlechten. Es tut gut, das zu wissen, und es sich immer wieder aufs Neue bewusst zu machen!

Auch als „Consultant for Holistic Health and Nutrition" (Fachberaterin für Holistische Gesundheit und Ernährung) habe ich in meinen Beratungen immer wieder festgestellt, dass unsere Gesundheit viel mehr ist, als eine Maske zu tragen, Abstand zu halten, Hände zu waschen, Vitamine zu essen oder sich impfen zu lassen.

„Holistisch" bedeutet ganzheitlich.
Körper, Geist und Seele sind miteinander verbunden und
können nicht getrennt voneinander gesehen werden.

Unsere psychische Gesundheit ist mindestens genauso wichtig, wenn nicht sogar wichtiger. Mentale Stärke als Basis für ein erfülltes Leben. Es ist erwiesen, dass Selbstzweifel, Einsamkeit, fehlende Selbstliebe, fehlende Psychohygiene, keine Achtsamkeit usw. maßgeblich unser Immunsystem schwächen und unseren Lebensweg beeinflussen können.

Wenn jemand Angst hat, und das über einen längeren Zeitraum hinweg, sich sorgt oder traurig und unglücklich ist, dann beeinflusst das seinen Gesundheitszustand. Und wenn man von Albträumen gequält wird und keinen erholsamen Schlaf findet, ist es doppelt so belastend, weil man aus dieser Spirale oft allein nicht mehr rauskommt. Stichworte Burnout und Depressionen.
Körperliche und geistige Regeneration findet nun mal in den tiefen Schlafphasen statt. Als Mutter von drei Kindern ist mir auch dieses Thema (bis zum Schlafentzug und seinen Folgen) nur allzu bekannt.

**Wenn wir unsere mentale Gesundheit nicht zur Priorität für uns selbst machen, wer sonst?**

Nicht umsonst fragen wir unser Gegenüber: Wie fühlst du dich? Weil es im Leben um Gefühle geht! Und vor allem um Glücksgefühle und schöne Gefühle.
**Es geht um dein Lebensgefühl – weg von der Angst – hin zu (Selbst-)Liebe und zum Glück.** Wie klingt das für dich?

## Träum weiter!

Zehn Jahre meines Berufslebens habe ich als Moderatorin beim ORF verbracht. Fakt am Rande: Als ich beschloss, ins Fernsehen zu gehen, haben die meisten zu mir gesagt: Ja klar, träum weiter! Genau das habe ich gemacht und mein Wunschtraum ist wahrgeworden. Aber glaub nicht, dass ich bei meiner ersten Live-Lottoziehung nicht aufgeregt war. Vor meiner ersten Sendung hatte ich richtig Angst. Ich hatte alle negativen Glaubenssätze vor mir aufleuchten! Ich zweifelte kurz daran, ob es wirklich die richtige Entscheidung gewesen war, den „sicheren" Job als Lehrerin aufzugeben.

Doch schon nach der ersten Sendung verwandelte sich mein Gefühl in ein absolutes „Ja!". In den zehn Jahren, in denen ich beim ORF und Off Air regelmäßig vor der Kamera stand, half mir die Kraft der positiven Gedanken, die Visualisierung, ungemein. Wenn das rote Licht anging, und die Aufnahmeleitung von „5" runterzählte, dachte ich nicht an die mehr als 700.000 Zuseher*innen, überlegte nicht, ob ich schön genug, gut genug, meine Stimme perfekt genug wäre, und ob ich stolpern oder mich versprechen würde. Klar ist das mal passiert!

**Ich stellte mir vielmehr vor, dass mir Menschen zusahen, die mich liebten und toll fanden!**
Ich sah in die Kamera und dachte an meine Kinder. Die saßen damals wirklich ab und an im Studio, weil ich es nicht anders organisieren konnte. Ich visualisierte also einen sicheren Ort.

Ich erdete mich durch einen guten Stand, was nicht immer einfach war in High Heels (deshalb off-topic mein Rat: nie an guten Schuhen sparen!) und war voll mit positiven, schönen Gedanken, die mich durch jede Sendung getragen haben.

Das mache ich bis heute bei meinen Vorträgen, Lesungen und Interviews so. An etwas Schönes denken. Damit konnte ich jede Sendung, jeden Auftritt genießen. Ich konnte diesen erfüllten Wunschtraum von ganzem Herzen leben. Ich strahlte in die Kamera oder auch Off Air ins Publikum und freute mich jedes Mal auf meine besondere Arbeit. Im Rahmen einer großartigen Sprechtechnikausbildung lernte ich außerdem das richtige Atmen während des Sprechens.

Mir wurde dadurch sehr bewusst, wie oft wir den Atem anhalten oder zu flach atmen. Und wie man automatisch seine Schultern hochzieht, wenn die Angst und Unsicherheit kommen. Die Atmung ist so wichtig, um sich gut und stark zu fühlen! Vor allem, als ich zweimal schwanger vor der Kamera stand, half mir die richtige Atmung sehr.

Und ich hatte auch privat, so wie wohl jeder Mensch, zehn Jahre lang nicht nur glückliche und sorgenfreie Zeiten. Da war einiges los bei mir, so wie bei jedem von uns. Aber der Fokus auf meine positiven Gedanken half mir, professionell weiterzumachen.

**Ich brachte als „Lottofee" anderen Menschen Glück – allein diese schöne Vorstellung half mir!**
Zusätzlich war es natürlich die Routine, die mir dabei half, auch bei Störfällen ruhig und souverän zu bleiben. Ich fühlte mich also gut im Scheinwerferlicht – und dieses Gefühl habe ich nach wie vor oder kann es abrufen, wann immer ich es brauche. So freue ich mich über jedes Shooting, jeden Kurs und Vortrag sowie jedes Interview!

**Wusstest du, dass Emotionen oder Gefühle gespeicherte Erinnerungen sind?** Wenn du dich an jemanden oder an eine Situation erinnerst, weißt du irgendwann vielleicht nicht mehr alle Details, oder was derjenige zu dir gesagt hat. Du wirst dich jedoch für immer daran erinnern, wie du dich in dieser Situation oder mit diesem Menschen gefühlt hast. Auch Urlaubserinnerungen sind gespeicherte Gefühle. Das ist übrigens der Grund, warum ich bereits in meinem Kinderbuch als Symbol eine Muschel ausgesucht habe. Ich werde oft danach gefragt, warum ich ausgerechnet eine Muschel gewählt habe, deshalb möchte ich die Gelegenheit nutzen und es an dieser Stelle erklären.

**Ich habe die Muschel ausgesucht, weil sie als Symbol für Glück, Freude, Leichtigkeit und Freiheit steht!**
Wie eine Art Talisman. Bevor ich mit meinen interaktiven Lesungen beginne, bei denen ich immer eine große Muschel mithabe, frage ich: „Wer von euch mag Muscheln?" Und jedes Mal schnellen alle Arme nach oben, die Augen der Kinder leuchten und sie strahlen mich an. Das ist unbezahlbar!

In „Stella und die Wunschtraummuschel" sagt meine Hauptfigur:
„Wenn euch einmal gar nichts einfällt, dann denkt doch einfach an das Meer und an eine wunderschöne Muschel!"
Und wie ergeht es dir dabei? Wie fühlst du dich, wenn du eine Muschel betrachtest?

Bevor du nun mit dem Workbook losstarten kannst, findest du hier deine ganze persönliche Wunschtraummuschel, die du nach deinen Wünschen gestalten kannst und dann vielleicht ausschneiden und als Lesezeichen oder Glücksbringer verwenden magst. Sie soll dich durch dieses Buch begleiten und dich immer daran erinnern, dass die eigentliche Kraft, die alles möglich macht, bereits in dir schlummert!

Und vergiss niemals:
Du bist wunderschön,
wenn du Gefühle zulässt,
denn das zeugt von großem Mut!

**Karin Schranz-Klippl:** Lass dir von niemandem je einreden, dass du etwas nicht kannst. Auch nicht von mir. Okay? Wenn du einen Traum hast, musst du ihn beschützen! Wenn andere etwas nicht können, wollen sie dir immer einreden, dass du es auch nicht kannst. Wenn du was willst, dann mach es. Basta!" (Filmzitat aus meinem Lieblingsfilm „Das Streben nach Glück", Gabriele Muccino, 2006)

Und was, wenn ich es mir selbst einrede? Was, wenn ich mir unbewusst selbst schade und im Weg stehe? Kennst du das vielleicht, dass du oft in dieselben schwierigen Situationen oder Beziehungen schlitterst? Verschaffe dir Klarheit: Bevor wir wissen, was wir tun, müssen wir wissen, was wir denken und wie wir uns fühlen. Denn nicht, was du bist, hält dich auf, sondern das, worüber du denkst, dass du es bist bzw. eben nicht bist! Bereits in unserer frühen Kindheit, von Anfang an, verankern sich negative Glaubenssätze in uns. Die gute Nachricht ist: Du kannst sie zu jedem Zeitpunkt deines Lebens nochmal bewusst anschauen und in positive Glaubenssätze umwandeln.

Die diplomierte Psychologische Beraterin Marguerite Harnoncourt widmet sich in ihrem Kapitel genau diesen blockierenden Glaubenssätzen und beschreibt, wie du es schaffst, dein wahres „Ich bin" (wieder) zu entdecken.

# Entwickle dein wahres Potenzial

Blockierende Glaubenssätze wahrnehmen und transformieren

Marguerite Harnoncourt, diplomierte Psychologische Beraterin (LSB)

# Entwickle dein wahres Potenzial

Wusstest du, dass nur fünf Prozent aller Dinge, die du im Laufe eines Tages tust, aus einer bewussten Entscheidung heraus entstehen, und die restlichen 95 Prozent von all dem, was du denkst, fühlst, sagst und tust, aus deinem Unterbewusstsein kommen? Das, was in deinem Leben daher hauptsächlich wirkt, ist dein Unterbewusstsein. Und genau dort liegen auch viele deiner Überzeugungen, positive wie negative.

In diesem Kapitel lade ich dich dazu ein, trotz deiner Ängste und Sorgen loszugehen, um deine inneren, oftmals unbewussten Blockaden zu entdecken sowie dein wahres Potenzial zu entfalten, damit deine Seele wieder zum Vorschein kommen und in ihrer wahren Größe strahlen darf.

> „Gehe in dich und höre auf deine innere Stimme. Jede Frage hat eine Antwort.
> Deine Seele ist voller Weisheit und kennt bereits deinen Weg."
> Yogi Bhajan

Wenn du wieder verbunden bist mit deiner wahren Essenz, mit deiner inneren Weisheit, die wir alle in uns tragen, hältst du deine eigene Wunschtraummuschel in den Händen und vieles, von dem du dachtest, dass es dir verwehrt bliebe, wird wieder möglich.

Je bewusster du dir über deinen wahren Kern bist, desto leichter und auch schneller kommst du durch die Herausforderungen, die das Leben dir immer wieder schickt.

Da eine gemeinsame Reise auch immer gegenseitiges Vertrauen voraussetzt, hier ein paar Worte zu mir. Mein Name ist Marguerite Harnoncourt, ich bin diplomierte Psychologische Beraterin. Meine Vision war es, mit meiner Praxis in Wien einen sicheren Ort, einen Ort der Wertschätzung und der Transformation zu schaffen für Menschen, die sich Veränderung in ihrem Leben wünschen. Seit mittlerweile sechs Jahren darf ich hier Menschen in ihren persönlichen Entwicklungsprozessen begleiten. Ja, wir können vieles alleine lösen, aber oftmals sind wir durch die Erfahrungen und Herausforderungen in unserem Leben wie blockiert und fast ein bisschen „betriebsblind". Dazu haben wir meist recht früh Strategien entwickelt, wie wir „scheinbar" sicherer durchs Leben kommen. Diese Strategien funktionieren allerdings nur, solange wir klein sind. Sind wir erwachsen und haben unsere wahre Schöpferkraft vergessen, machen uns diese Strategien meist unzufrieden und lassen uns nicht das Leben führen, das wir uns wünschen. Wir wissen dann oftmals nicht genau, wo wir ansetzen sollen, um wieder das Leben zu führen, das unserem wahren „Ich bin" entspricht, und das uns erfüllt.

## Was uns blockiert

Wie bereits erwähnt, sind es vor allem unsere unbewussten, hinderlichen Überzeugungen und alten Verhaltensmuster, die uns daran hindern, für uns und unsere Wunschträume loszugehen. Diese Überzeugungen haben wir oftmals so integriert, dass wir sie gar nicht mehr hinterfragen. Ja, wir glauben sogar, dass sie uns entsprechen und uns ausmachen, und wir sind meist auch davon überzeugt, dass sie unserer wahren Identität entsprechen. Das Fatale daran ist: Wenn wir diese angepasste Identität nicht hinterfragen, kann auch das Außen deinen wahren Wert nicht erkennen. Sprich: Wenn du davon überzeugt bist, z.B. nicht gut genug oder nicht wertvoll, liebenswert oder klug genug zu sein, landest du immer wieder in Situationen, die dir diese hinderlichen Überzeugungen spiegeln.

Anstatt diese Spiegelung jedoch als neuerliche Bestätigung für dich anzusehen, beginne ab heute, sie als deine Chance zu sehen. Als Chance, deine alten und hinderlichen Glaubenssätze aufzulösen, und in deine wahren und dienlichen Glaubenssätze zu transformieren.

Sage dir nicht mehr: „So bin ich halt" und gib dich mit deiner angepassten Identität zufrieden, sondern finde heraus, wer du wirklich bist, und entdecke deine eigene Schöpferkraft wieder.

## Erlaube dir, deinen Wunsch zu leben!

**Frage dich zuallererst: Was möchte ich auf dieser Reise entdecken und erleben?**
**Was ist meine Vision? Was ist mein Wunsch?**

Mit deinem Wunsch setzt du den Start und gibst dir die Erlaubnis, für die Erfüllung deines Wunsches loszugehen und deine persönliche Entwicklungsreise zu beginnen.

Deine wahre Essenz besitzt alles, was du brauchst, um das Leben zu führen, das du dir für dich wünschst und das dir wirklich entspricht. Genau hier, tief in dir, liegt deine eigene Weisheit verborgen und wartet darauf, dass du deinen Blick nach innen richtest, um sie wieder zu entdecken und mit ihr für dich und deine Wünsche loszugehen.

## Warum es so wichtig ist, das wahre „Ich bin" wieder zu entdecken:

Wir alle kommen auf diese Welt und wissen, wer wir sind. Wir wissen um unsere Schöpferkraft Bescheid. Denk hierbei an ein- bis zweijährige Kinder, die meist noch keinen Zweifel daran haben, der Mittelpunkt der Welt zu sein.

Im Laufe unseres Lebens lernen wir vor allem durch unsere Erfahrungen. Einerseits, indem wir durch Beobachtung und auch Spiegelung der Verhaltensweisen unserer Eltern und nahen Bezugspersonen unsere Prägungen mitbekommen und deren Glaubenssätze ungefiltert übernehmen. Andererseits machen wir auch Erfahrungen, die uns verletzen, und wir fangen an, uns selbst in Frage zu stellen. Und es sind dann meist jene - positiven wie negativen - Momente in unserem Leben, die eine sehr starke emotionale Ladung haben, in denen wir uns einen Glaubenssatz zurechtlegen, der uns erklärt, weswegen etwas passiert ist (z.B. „Ich bin nicht genug, nicht liebenswert, weil xy mich angeschrien hat"). Aus dieser Überzeugung heraus erschaffen wir eine Strategie, wie wir mit dieser Situation leichter umgehen können. (wie z.B. „Es ist besser, ich bin still" oder „Ich vertraue niemandem"). Hier sind es gerade die sehr frühen Verletzungen und Beobachtungen aus der Kindheit, die prägen. Wir beziehen in dieser Zeit vieles auf uns und schlussfolgern, dass etwas mit uns nicht stimmt. Daraus kreieren wir dann eine „Überlebensstrategie," wie wir besser und vor allem sicherer durch unser Leben kommen, und wie wir solche Verletzungen künftig vermeiden können.

In diesen Momenten tauschen wir den Glauben an unsere ursprüngliche Schöpferkraft gegen einen Glaubenssatz ein, der uns als Kind geholfen hat, sicher durch unser Leben zu kommen, um schmerzhafte Erfahrungen in Zukunft zu vermeiden. Das macht als Kind durchaus Sinn, daher ist es auch so wichtig, zu verstehen, dass dieser Glaubenssatz irgendwann auch dazu gedient hat, uns tatsächlich sicher zu fühlen. Nur „leider" bzw. zum Glück funktioniert dieser Glaubenssatz nicht mehr, wenn wir erwachsen sind und für uns und unsere Bedürfnisse selbst sorgen können. Er hindert uns heute viel mehr daran, unsere wahre Kraft zu leben, er bremst uns ein und schenkt uns nur eine scheinbare Sicherheit. Wenn wir uns in unserem Erwachsenenleben permanent schützen, weil das oder jenes passieren könnte, oder wir eine Überzeugung leben, die nicht unsere ist, wechseln wir vom Schöpfermodus in den Überlebensmodus, und das ist sehr anstrengend.

Vertraue darauf, dass dein wahres Potenzial im Erkennen deiner Vollständigkeit liegt. Du bist gefüllt mit Liebe. Daher lade ich dich jetzt ein, dein Licht wieder zum Strahlen zu bringen bzw. wieder zu entfalten und sichtbar zu machen.

Bist du bereit, deinen wahren Kern zu entWICKELN und dem Ruf deines Herzens zu folgen? Dann starten wir jetzt gemeinsam die Reise zu deiner Wunschtraummuschel!

## 1. Die Vorbereitung

## Dein Symbol

Du hast vorhin bereits deinen Wunsch formuliert. Du weißt also, was du in deinem Leben (anders) haben möchtest. Jetzt geht es darum, ein Symbol für deine ganz eigene Wunschtraummuschel zu finden. Hast du bereits eine Idee, wie dieses Symbol aussehen könnte? Wenn ja, dann besorge dir für deine Reise tatsächlich genau dieses Symbol. Entweder in Form eines Schlüsselanhängers oder als Anhänger für eine Kette. Du kannst auch gerne ein Bild malen oder ein Vision Board kreieren (wie das funktioniert, erfährst du im Kapitel von Ines Hofbaur). Auf welche Weise auch immer du dein Symbol Realität werden lässt, achte darauf, dass du es entweder bei dir trägst oder in deinem Blickfeld hast, um dich so immer wieder an deinen Wunsch zu erinnern.

Wenn du noch kein Symbol gefunden hast, dann verbinde dich jetzt gleich mit deinem Wunsch, den du vorhin formuliert hast. Setze dich dafür für einen Moment aufrecht hin, verbinde deine Füße gut mit dem Boden, zieh deine Schultern hoch zu deinen Ohren und roll' sie dann nach hinten zurück, sodass du aufrecht sitzt. Schließe, wenn du möchtest, deine Augen und nimm drei tiefe und bewusste Atemzüge. Atme durch die Nase ein und durch den leicht geöffneten Mund wieder aus. Verbinde dich jetzt in Gedanken mit deinem Wunsch und fühle bereits jetzt, wie es ist, wenn du diesen Wunsch lebst.

Bitte jetzt dein Herz, dir ein Symbol für diesen Wunsch zu zeigen.

Hab Vertrauen, dass das, was du jetzt siehst, woran du in diesem Moment denkst, dein Symbol ist. Wenn du möchtest, bringe nun deine Hände vor deinem Herzen zusammen, senke den Kopf zu den Fingerspitzen, um so deine Gedanken näher zu deinen Gefühlen zu bringen. Wenn du so weit bist, öffne deine Augen und komm zurück ins Hier und Jetzt. Schreibe dir nun auf, welches Symbol du für dich ausgewählt hast.

**Mein Symbol ist:**

## Dein Lebensbereich

Wenn es dein Wunsch ist, Veränderung in einem bestimmten Lebensbereich zu haben, dann ist es durchaus sinnvoll, dir vorerst nur diesen einen Lebensbereich auszusuchen, den du jetzt für die Transformation deines Glaubenssatzes verwenden möchtest. Solltest du nicht genau wissen, mit welchem Bereich du starten möchtest, kannst du natürlich auch deinen Glaubenssatz, der bei dir gerade am stärksten wirkt, allgemein für dein Leben verwenden. Ansonsten findest du gleich hier eine Liste mit den zehn Lebensbereichen, aus denen du jenen Bereich auswählen kannst, der für dich momentan am wichtigsten ist, und in dem du dir vor allem Veränderung wünschst. Unterstreiche oder kreise dazu gerne diesen Lebensbereich ein.

| | |
|---|---|
| Familie | Beruf |
| Liebe & Partnerschaft | Finanzen |
| Soziale Kontakte & Freunde | Lebensraum |
| Charakter | Erholung & Freude |
| Persönliches Wachstum & Spiritualität | Gesundheit & Körper |

**Das ist mein Wunsch von vorhin – angepasst an diesen Lebensbereich:**

## Deine Glaubenssätze

Was uns oftmals daran hindert, loszugehen, sind, wie bereits erwähnt, Überzeugungen, die wir über uns haben. Sie ziehen sich meist wie ein roter Faden durch unser Leben. Diese Glaubenssätze sagen uns immer wieder – und das sehr überzeugend – was für uns alles möglich ist und was nicht. Das Negative, das wir uns den ganzen Tag so nebenbei sagen, hindert uns massiv daran, unsere Kraft zu leben. Vielmehr raubt es uns unsere Energie. Deshalb ist es so wichtig, vor allem unseren hinderlichen Glaubenssätzen auf die Schliche zu kommen. Diese überhaupt einmal wahrzunehmen, um sie anschließend in solche Überzeugungen transformieren zu können, die uns dienen und uns wirklich entsprechen. Wir müssen dafür nicht immer unsere gesamte Vergangenheit durchwühlen und nochmals jede einzelne und schmerzhafte Erfahrung durchleben. Es genügt vollkommen, wenn wir ein Gespür dafür haben, wo wir eine Kränkung spüren. Wo wir uns im Mangel fühlen. Dazu ist es wichtig, dem eigenen inneren Dialog bewusst zu lauschen. Dadurch erkennen wir, welche Sätze wir uns immer wieder selbst sagen, und welche uns daran hindern, an uns zu glauben. Denke daran: Ab dem Moment, an dem du erkennst, dass nur du es bist, der/die entscheiden kann, wie du denkst und fühlst, wirst du immer mehr zu dem Menschen, der du wahrhaftig bist und auch sein willst. Es ist nie zu spät, sich auf den Weg zu machen!

## Deine Intention

Setze dir nun eine kraftvolle Intention, eine bewusste Absichtserklärung für deine Wunschtraummuschel-Reise. Sie soll dir zugleich als liebevolle Erinnerung für diesen Prozess dienen. Vertraue auch hier auf dein Herz, denn es weist dir den Weg hin zur Erfüllung deiner Wünsche.

Beispiele für eine Intention sind:

„Ich gebe mir ab heute die Erlaubnis, mein wahres ‚Ich bin' wieder zu entdecken"
„Ich bin offen für Veränderung und übernehme Verantwortung für meine Gedanken, Gefühle und Entscheidungen"
„Ich wähle ab heute Vertrauen in mich und mein Leben, nehme Ängste wahr und lasse sie auch wieder los"
„Ich öffne mich voller Vertrauen und voller Mitgefühl meinem Entwicklungsprozess"
„Ich bin bereit, für mich und meine Träume loszugehen und öffne mich den Möglichkeiten, die sich mir bieten"
Meine Intention für meine Reise hin zu mir lautet:

Die folgenden Fragen sollen dir dabei helfen, deine blockierenden Glaubenssätze zu entdecken, wahrzunehmen und zu positiven und stärkenden Glaubenssätzen zu transformieren.

**Mein Tipp:**

Handschriftlich deine Gedanken niederzuschreiben, ist noch mal kraftvoller. Damit du dich rundum wohlfühlst, sorge gut für dich und schaffe dir für diese Zeit einen Raum, in dem du ungestört deine Gedanken niederschreiben kannst. Zum Schreiben wähle einen Stift, der sich für dich angenehm anfühlt, sodass du schon beim Schreiben ein gutes Gefühl hast und somit auch auf diesem Wege bereits gut für dich sorgst.

Sei liebevoll mit dir, habe Vertrauen, dass das, was kommt, gerade das ist, was hilfreich ist. Du kannst diesen Prozess, diese Reise, so oft du willst wiederholen und auch in jedem anderen Lebensbereich anwenden. Du wirst immer wieder etwas Neues für dich entdecken und mehr und mehr zu deiner wahren Essenz vordringen.

## 2. Deinen blockierenden Glaubenssatz anerkennen und loslassen

Nimm dir genügend Zeit zur Beantwortung der Fragen, du kannst sie jederzeit ergänzen oder nochmals neu für dich und auch andere Lebensbereiche durchgehen.

Ganz wichtig: Nimm den Druck raus und schau, was gerade möglich ist. Finde einen ruhigen Platz, vielleicht zündest du dir auch eine Kerze an, stellst dir etwas zu trinken hin – am besten stilles Wasser oder einen Tee. Komm gut bei dir an. Nimm noch einen tiefen und bewussten Atemzug.

Das Leben bietet uns jede Menge Möglichkeiten, um unseren negativen und blockierenden Überzeugungen auf die Schliche zu kommen. Hier reicht es oftmals, sich eine Situation in Erinnerung zu rufen, die mit einer starken, emotionalen Ladung deinerseits verbunden war. Die dich „getriggert" hat und deine Überzeugungen wie z.B. „Ich bin nicht gut genug", „Ich schaffe das nicht", „Ich bin nicht wertvoll", „Ich bin nicht liebenswert", „Ich bin nicht klug genug", „Ich bin nicht schön genug", „Ich bin alleine" in dir hervorgerufen haben.

Stelle dir nun die folgende Frage und schreibe deine Antwort auf.
Hab Vertrauen, dass genau das kommt, was du jetzt brauchst:

Was ist meine negative Überzeugung über mich,
die mich daran hindert,
für mich und meine Träume loszugehen?

...............................................................................................................................................................................................

...............................................................................................................................................................................................

Aus dieser Überzeugung über dich leiten sich nun deine Gedanken ab. Schreibe jetzt auf, welche Geschichte du dir erzählst, die diese Überzeugung von deinem „Ich bin" stützt.

**Was sind meine Argumente,
weswegen ich nicht für mich losgehen kann?**

......................................................................................................................................

......................................................................................................................................

Deine Gedanken haben auch immer Auswirkung auf deine Gefühle. Und meist ist das Gefühl, das aus negativen Gedanken resultiert, ein Gefühl, das sich nicht wirklich gut anfühlt. Dein Körper reagiert ebenso. Schreibe auf, wo und wie du diese Gefühle auf körperlicher Art wahrnimmst (Enge in der Brust, Zuschnüren der Kehle, Ziehen im Bauch, Druck, usw.) und dann spüre nach, welche Emotion du mit diesem Gefühl verbindest. (z.B. Angst, Wut, Trauer, Neid, Hilflosigkeit, Einsamkeit, Scham, usw).

**Wie fühle ich mich?**

......................................................................................................................................

......................................................................................................................................

Aus diesem Gefühl und deinen Gedanken heraus triffst du dann deine Entscheidungen. Und diese Entscheidungen sind meist solche, die nicht wirklich zu deinem Wachstum beitragen. (z.B. „Ich ziehe mich zurück", „Ich lasse keine andere Meinung gelten", „Ich kann mich nicht auf Menschen einlassen", usw.)

**Welche Handlungen setze ich aufgrund dieser Gedanken und Gefühle?**

......................................................................................................................................

......................................................................................................................................

Und last but not least wirst du aufgrund deines Verhaltens und der Entscheidungen, die du getroffen hast, wiederum entsprechende Erfahrungen machen.
Es kann sein, dass du dich nun noch kleiner, noch weniger gehört, gesehen oder wertgeschätzt fühlst.

Welche Erfahrungen mache ich, wenn ich nach meinem negativen Glaubenssatz handle?

.......................................................................................................................................................................

.......................................................................................................................................................................

Wenn du dir jetzt deine Antworten durchliest, wirst du erkennen, dass deine blockierende Überzeugung, die du oben formuliert hast, dir immer wieder dieselben negativen Gedanken schickt. Aus diesen Gedanken entstehen wiederum dieselben negativen Gefühle, die dich zu denselben meist nicht hilfreichen Entscheidungen und Handlungen bringen. Daraus resultieren wiederum genau jene Erfahrungen, die dich in deiner negativen Überzeugung bestätigen. Der sogenannte Teufelskreis nimmt seinen unermüdlichen Lauf, aus dem wir scheinbar keinen Ausweg finden. Aber ganz so ist das zum Glück nicht!

**Wichtige Erkenntnis:** Das, was du über dich denkst, hat einen Effekt darauf, was du in deinem Leben erschaffst. Das ist die bekannte „Self fulfilling prophecy" oder „Selbsterfüllende Prophezeiung", an die die meisten – meist eher im negativen Sinne – auch glauben. Also macht es doch Sinn, uns diese auch im positiven Sinne zunutze zu machen, indem wir die Kraft der „Prophezeiung" nun für und nicht gegen uns nutzen.

Werde dir hier noch einmal bewusst, dass diese negative Überzeugung nicht deinem wahren „Ich" entspricht, sondern einer Überzeugung, die du vor langer Zeit gewählt hast, um damals gut durch dein Leben zu kommen.
Erkenne daher deine blockierende Überzeugung als das an, was sie ist (war): Eine Überlebensstrategie, die dir früher einmal gedient hat. Und entscheide dich nun bewusst dazu, diese Überzeugung liebevoll loszulassen und ab heute wieder nach deiner wahren Überzeugung zu leben. Jener, die dir wirklich entspricht, die dir dient und die dich wachsen lässt, anstatt dich klein zu machen.

## 3. Deinen blockierenden Glaubenssatz erkennen und transformieren

Mit dem Bewusstsein, das du jetzt hast, stelle dir nun vor, welche Überzeugung und welche Fähigkeiten du brauchst, damit sich deine Lebensvision tatsächlich auch in deinem Leben manifestieren kann.

**Hier eine kleine Übung, die dir dabei helfen soll, deinen kraftvollen Glaubenssatz zu entdecken:**

Schließe dafür wieder deine Augen, atme wie vorhin dreimal bewusst ein und aus, entspanne deinen Körper und verbinde dich mit deinem Herzen. Lege den Fokus auf deinen Atem. Vielleicht bemerkst du die kleine Pause zwischen deinem Ausatmen und Einatmen. Nutze diese Pause wie ein Tor, das dir einen Blick in deine Zukunft ermöglicht. Eine Zukunft, in der bereits alles so ist, wie du es dir in deinen schönsten Träumen vorstellst. Du dich bereits so fühlst, als ob du all die Qualitäten und Fähigkeiten besitzt, die du dir wünschst. Bitte nun dein Herz, deine kraftvollste Überzeugung über dich zu formulieren, im vollen Vertrauen, dass es bereits jetzt so ist. Du kannst den Satz mit den Worten „Ich bin ..." beginnen.

(Diese Übung findest du auch als geführte Meditation auf meiner Webseite)

Solltest du dein kraftvolles „Ich bin" noch nicht ganz klar gefühlt haben,
findest du hier einige Beispiele für positive Glaubenssätze. Lies sie dir durch und spüre nach,
bei welchen du in Resonanz gehst bzw. welche du gerne in deinem Leben hättest:
Ich bin genug
Ich bin verbunden
Ich bin bereit
Ich bin voller Vertrauen in mich und meine Fähigkeiten
Ich bin mutig
Ich bin geliebt
Ich bin zuversichtlich
Ich bin zufrieden
Ich bin selbstbewusst
Ich bin erfüllt
Ich bin erfolgreich

Fülle nun noch einmal die Fragen von vorhin aus, aber diesmal bereits in deiner neuen,
kraftvollsten Version. Schreibe hier deinen neuen, dich stärkenden Glaubenssatz auf.
Auch dann, wenn du noch nicht genau weißt, wie du dort hinkommst.
Den ersten Schritt hast du bereits in der Übung gemacht, als du dich mit dem Gefühl,
das du haben möchtest, verbunden hast und du bereits gespürt hast, in welcher Qualität
du bist, wenn sich dein Wunsch bereits erfüllt hat.

Wie lautet mein transformierter Glaubenssatz, meine neue Überzeugung über mich?

.............................................................................................................................................................

Wenn du diese bestmögliche Qualität von dir tatsächlich lebst, welche Gedanken
ergeben sich dann? (Wenn es dir schwerfällt, dann stelle dir vor, was deine Freunde zu dir
sagen würden oder du deiner besten Freundin, deinem besten Freund sagen würdest.
Sei du dein eigener, liebevoller Motivator!)

Welche Argumente sprechen für diese neue Qualität?

.............................................................................................................................................................

.............................................................................................................................................................

Wie fühlt es sich nun an, wenn du diese Gedanken hast? Wo und wie kannst du diese in deinem
Körper wahrnehmen? (Brust öffnet sich, Haltung wird offener, Kribbeln im Bauch, usw.)
Welche Emotionen (Freude, Dankbarkeit, Erleichterung, Stärke, Vertrauen, usw.) kommen hoch,
wenn du diese neuen, kraftvollen Gedanken denkst?

Wie fühle ich mich jetzt?

.............................................................................................................................................................

.............................................................................................................................................................

Welche Entscheidungen kannst du aufgrund dieser Gedanken und Gefühle treffen?
Welche Türen öffnen sich dir nun?

Welche ersten Schritte mache ich?

.............................................................................................................................................................

Und aufgrund dieser Handlungen:
Was wirst du in dein Leben ziehen?
Was wird geschehen, wenn du wieder für dich und deine Träume losgehst?
Wenn du wieder an dich und deine Fähigkeiten glaubst?

Welche Erfahrungen mache ich?
(Formuliere diese Gedanken in der Gegenwartsform, das macht sie noch einmal kraftvoller)

........................................................................................................................................

........................................................................................................................................

........................................................................................................................................

........................................................................................................................................

........................................................................................................................................

........................................................................................................................................

........................................................................................................................................

Nimm dir nun einen Moment Zeit, all das auf dich wirken zu lassen. Nimm es wahr und lass deine Erkenntnis das Samenkorn sein, das tief in deinem Herzen darauf gewartet hat, wieder umsorgt zu werden, um kraftvolle Wurzeln schlagen und wachsen zu können.

Kümmere dich von heute an liebevoll um dieses Samenkorn, deine ganz eigene Wunschtraummuschel, indem du dich jeden Tag aufs Neue mit deiner wahren Qualität verbindest, damit diese neue Erkenntnis von nun an sicher und kraftvoll wachsen kann und du das Leben führst, das dir entspricht.

Ich wünsche dir von Herzen Mut, Zuversicht sowie Vertrauen in dich und daran,
dass das Leben immer für und nicht gegen dich ist, sowie die Freude, dein wahres „Ich bin" zu leben.

"

**Karin Schranz-Klippl:** Lass uns den Kindern zeigen, wie Träumen geht, und es dabei selbst neu lernen! Elternsein ist magisch und manchmal sehr herausfordernd. Und da wir nun wissen, dass negative Glaubenssätze in der Kindheit entstehen, wollen wir bei unseren eigenen Kindern besonders achtsam sein. Manchmal braucht man jedoch auch als Eltern Unterstützung, um in seiner Rolle vom Albtraum zum Wunschtraum zu kommen! Wovor haben Kinder Angst, und wie kann ich meinem Kind helfen? Unser Wunsch als Eltern ist es, dass unsere Kinder eine möglichst angstfreie Kindheit erleben. Gleichzeitig prägen die Ängste der eigenen Kindheit unser Leben. Jede(r) von uns kann sich erinnern, in welchen Situationen er/sie als Kind Angst hatte. Wir waren alle einmal klein. Wir haben alle unsere ganz individuellen Erfahrungen abgespeichert. Meine Mama ist heuer 80 geworden. Sie erinnert sich, als ob es gestern gewesen wäre, dass sie sich als Kind vor dem Krampus unter dem Esstisch versteckt hat. Sie erinnert sich sogar immer noch an das Geräusch der rasselnden Ketten. Entsetzlich! Ja, meine Mama ist auf dem Land aufgewachsen, da gehörte so etwas zum „Brauchtum". Angst ist ein starkes Gefühl.

„Du musst dich daran erinnern, dass Angst nicht echt ist. Es ist ein Produkt deiner Gedanken, die du kreierst. Versteh mich nicht falsch! Gefahr ist sehr echt, aber Angst ist eine Entscheidung."
(Will Smith)

Im folgenden Kapitel geht Familientrainerin Mag. Claudia Umschaden dem Thema „Ängsten bei Kindern" auf den Grund und gibt uns Eltern Tipps, wie wir unseren Kindern helfen und sie gleichzeitig stärken können, damit die Ängste aus der Kindheit nicht bis ins Erwachsenenalter reichen.

"

# Ängste bei Kindern, was tun?

Mag. Claudia Umschaden, Familientrainerin und Pädagogin

# Ängste bei Kindern, was tun?

Ich bin Claudia Umschaden, glücklich verheiratet, Mama von fünf Kindern im Alter von sechs bis 18 Jahren und Pädagogin. Mit meiner Familie lebe ich in Wien am Stadtrand und genieße die Vorzüge von Stadt und Land. Seit 2017 bin ich selbstständige Familientrainerin und unterstütze mit meinem Wissen und meiner Erfahrung Familien in ihrem Alltag. Als Mutter habe ich gemerkt, dass mir das Pädagogikstudium viel Theorie mitgegeben hat, das Leben mit Kindern jedoch viel spannender und abwechslungsreicher ist. Fünf Kinder und jedes ist anders. Jedes hat andere Talente und Eigenschaften und es ist eine Freude, sie zu begleiten und ihnen beim Erwachsenwerden zuzuschauen.

Das Motto für meine Arbeit ist:
Starke Eltern – Starke Kinder – Starke Familien

Als Mutter oder Vater dürfen wir uns immer wieder selbst stärken und gut auf uns und unsere Ressourcen schauen, damit wir voller Liebe und auch Gelassenheit für unsere Kinder da sein können. In der Erziehung ist mir die Beziehung sehr wichtig: die Beziehung zu meinem Kind, zu meinem Partner und zu mir selbst. Wir sind für unsere Beziehungen verantwortlich, vor allem für die zu unseren Kindern. Beziehung leben ist ein aktives Tun! Und Basis für eine gute Beziehung ist Vertrauen. Ein weiterer Aspekt meiner Arbeit sind Bedürfnisse. Wir alle haben Bedürfnisse. Erfüllte und unerfüllte Bedürfnisse. Und vor allem die unerfüllten Bedürfnisse machen etwas mit uns und unseren Kindern. Daher ist es mir wichtig, immer wieder auf meine Bedürfnisse zu schauen. Sind sie erfüllt? Fehlt mir etwas? Wenn mein Tank voll ist, kann ich auch ganz da sein für meine Kinder und kann sie gut beobachten, um zu erkennen, was sie gerade brauchen, in welcher Entwicklungsphase sie gerade stecken, und wohin sie wachsen, um sie dort zu stärken, wo es gerade notwendig ist.

## Die Angst – unser Freund und Helfer!?

Die Angst ist unser wichtigstes Gefühl, damit wir gefährliche Dinge mit erhöhter Aufmerksamkeit ausführen. Wenn wir also einen Gebirgsgrat entlangmarschieren oder einen steilen Klettersteig passieren, lässt uns die Angst achtsam bleiben und ruft uns gleichermaßen zu „Pass auf, das kann gefährlich werden." Genauso warnt die Angst unsere Kinder, dass sie nicht ohne Sicherheitsvorkehrungen von hohen Mauern hinunterspringen. Die Angst schützt also. Es ist gut, dass wir sie fühlen und spüren, eben weil sie uns schützt. Das Kind verhält sich klug, wenn es – sobald es Angst verspürt – sich uns Eltern zuwendet, sich Sicherheit holt und von da aus die Situation beobachtet. **Unsere Aufgabe als Eltern ist es, dem Kind Sicherheit und Geborgenheit zu vermitteln, unser Kind in der Situation zu stärken und abzuwägen, ob etwas wirklich gefährlich ist, oder ob das Kind die Situation meistern kann.**

Wie oft habe ich am Spielplatz mein Kind ermuntert, auf das Klettergerüst hinaufzuklettern.
Mit ausgebreiteten Händen als Sicherheitsnetz bin ich unter meinem Kind gestanden und habe ihm gut zugeredet:
„Du schaffst das! Ich bin da und schau auf dich!"

Und ich strahle auch Sicherheit aus, wenn ein Fremder mein Kind anspricht, und dann mein Kind
voller Vertrauen zu mir läuft oder sich hinter mir versteckt, weil es diese Person nicht kennt.
In dieser Situation bestärke ich mein Kind, dass es richtig gehandelt hat.

**Nun stelle dir selbst die Frage, wie du mit (vermeintlichen) Gefahren
und damit verbundenen Ängsten in Bezug auf dein Kind umgehst:**

Wie stärke ich mein Kind im Alltag? Wie verhalte ich mich in gefährlichen Situationen? Wie strahle ich Sicherheit aus?

...................................................................................................................................................................

...................................................................................................................................................................

Im Laufe der Kindheit beobachtet und erfährt das Kind ständig etwas Neues, es ist am Entdecken und Lernen. Und immer wieder muss es selbst abschätzen, ob das Neue bedrohlich oder gefährlich ist. Die Angst unterstützt das Kind dabei und gibt ihm das Signal: „Vorsicht! Gib Acht!" **Damit die Angst uns helfen kann, muss sie also gefühlt werden. Mein Kind muss in der Lage sein, diese Angst zu spüren.** Die Angst schützt uns nicht nur, die Angst begleitet auch unsere Entwicklungsschritte. Jedes Mal, wenn dem Kind neue Aufgaben gestellt werden, die seine Fähigkeiten herausfordern, kann Angst auftreten. Oder wenn vorhandene Fähigkeiten beim Kind weiterentwickelt werden, kann Angst das Kind begleiten. Das Kind empfindet in diesem Moment eine gewisse Anspannung, die sich unangenehm anfühlt. Wird die Herausforderung bewältigt, sind die Zufriedenheit und der Stolz umso größer. Die Angst ist dabei nur der Motor, diesen neuen Entwicklungsschritt zu gehen. Wir Eltern unterstützen unser Kind dabei mit ganz viel Zutrauen und Vertrauen. Dieses Vertrauen von uns Eltern stärkt unser Kind und gibt ihm Mut, die Angst zu überwinden.

**Erinnere dich an die ersten Schritte deines Kindes:
Voll Freude und Zuversicht hast du dein Kind ermuntert, zu dir zu laufen.**

In welchen Situationen und auf welche Weise schenke ich meinem Kind Vertrauen im Alltag?
Wann habe ich meinem Kind das letzte Mal etwas zugetraut?

...................................................................................................................................................................

...................................................................................................................................................................

Stärke dein Kind also durch deine Worte: „Du schaffst das! Ich glaube an dich!" Dadurch gibst du deinem Kind Sicherheit. Schwierig wird es, wenn Eltern ihren Kindern Aufgaben abnehmen, um sie zu schützen, oder sie diesen Aufgaben aus dem Weg gehen und sie vermeiden. In diesem Fall kann das Kind nicht wachsen, nicht groß werden, und die Angst vergrößert sich und kann sich schlimmstenfalls zu einer Angststörung entwickeln. Entwicklungsschritte sind dazu da, dass sie gegangen werden – mit Unterstützung der Eltern, indem sie vertrauen! Denn...

## Ohne Vertrauen tritt die Angst in den Vordergrund!

Manchmal ist es so, dass Kinder die gleichen Ängste entwickeln wie ihre Eltern. Denn Kinder lernen von uns Eltern. Sie beobachten, wie sich Vater oder Mutter in bestimmten Situationen verhalten. Erkennen die Kinder, dass einer von beiden beunruhigt und ängstlich reagiert, übernehmen sie diese Angst. Wenn Kinder den angstvollen Gesichtsausdruck ihrer Eltern sehen, trauen sich diese Kinder weniger am Spielplatz auszuprobieren als Kinder, deren Eltern ein neutrales Gesicht zeigen. Diese Kinder sind dann viel mutiger.

Ich zum Beispiel bin auch in dieser Hinsicht sehr ängstlich.
Diese Angst habe ich von meiner Mutter übernommen.
Aber ich kenne diese Angst und ich weiß, dass ich mit meiner Angst meinem Kind mehr schade als helfe.
Daher habe ich für mich beschlossen: Wenn ich mit den Kindern auf den Spielplatz gehe,
dann drehe ich mich vom hohen Klettergerüst weg. Ich weiß, mein Kind schafft es –
ich bin nur der Störfaktor, der eventuell sogar aufschreit und das Kind zum Fallen bringt.

Welche Ängste habe ich, wenn es um mein Kind geht? In welchen Situationen bin ich ängstlich?

.......................................................................................................................

.......................................................................................................................

Es ist gut, wenn wir Eltern von unseren Ängsten wissen und gegensteuern können beziehungsweise Strategien finden, damit unsere Kinder nicht von diesen Ängsten angesteckt werden.
Auch ein überfürsorglicher und übermäßig kontrollierender Erziehungsstil ist für die Ängste der Kinder nicht förderlich. Die Kinder lernen, dass die Welt voller Gefahren ist und entwickeln dadurch eine höhere Tendenz zur Ausbildung einer Angststörung. Denn Angst kann auch zerstörerisch wirken, wenn das Kind sich in seine Ängste hineinsteigert und diese seinen Alltag bestimmen.

## Die Angst begleitet die Entwicklungsschritte deines Kindes

Während der Kindheit gehören in gewissen Altersstufen unterschiedliche Ängste zur Entwicklung des Kindes dazu und sind auch ganz normal. Die Altersangaben sind nur ungefähre Richtwerte, je nach Kind können sie auch abweichen.

*1. bis 9. Monat:* Angst ausgelöst durch laute, unbekannte Geräusche

*6. bis 12. Monat:* Angst vor dem Unbekannten, vor fremden Menschen, bekannt auch unter dem Namen „Fremdeln". Manche Babys weinen, wenn sie einen Mann mit Bart oder Brille sehen, verstecken sich, wenn ihnen unbekannte Personen begegnen.

*Ab dem Krippen-/Kindergartenalter* wird die Trennungsangst Thema in vielen Familien. Die Bezugsperson, die bis jetzt 24 Stunden für das Kind da war, verlässt das Kind und es kommt mit einer neuen Bezugsperson in Kontakt. Außerdem entwickelt das Kind sein Zeitgefühl erst mit vier Jahren. Das heißt, dein Kleinkind, das gerade in fremde Hände abgegeben wird, weiß nicht, wann es abgeholt wird – es kann auch mit den Begriffen „gleich" oder „zehn Minuten" nichts anfangen. Für das Kind ist es eine Ewigkeit. Hier bedarf es einer erhöhten Sensibilität vonseiten der Eltern, aber auch der neuen Bezugsperson. Kinder brauchen Zeit, sich an neue Bezugspersonen zu gewöhnen und eine Bindung zu ihnen aufzubauen. Als Mutter/Vater spürst du, wann dein Kind bereit ist und mit der neuen Person gehen möchte, wann sich dein Kind sicher fühlt und bleiben möchte. Das Wichtigste ist, dass sich das Kind sicher fühlt. Um den Trennungsschmerz für beide Seiten etwas zu lindern, sind kleine Rituale sehr hilfreich.

Eines meiner Kinder hatte im Kindergarten öfters Sehnsucht nach mir.
Die Kindergärtnerin hat dann mein Kind damit beschäftigt, Bussis auf einen Zettel zu zeichnen,
die es mir gerne geben würde. Die Kindergartenpädagogin hat mein Kind ernst genommen und ihm geholfen,
die Trauer umzuwandeln. Beim Abholen wurde das Bussi-Blatt immer ganz stolz präsentiert.
Ich habe dann oft beim Verabschieden meinem Kind ein Bussi in die Hosentasche mitgeben und dazu gesagt:
„Wenn Du Sehnsucht hast, mein Bussi ist da. Pass gut darauf auf."

Durch zu frühe Ablösungsversuche entsteht Stress im Gehirn. Stress erschöpft das Kleinkind und es löst sich etwas vom Urvertrauen. Das Kind ist nicht mehr sicher.

Daher empfehle ich, so lange zu warten, bis das Kind im neuen Umfeld angekommen ist und eine Bindung zur neuen Bezugsperson aufgebaut hat.

Natürlich spürt auch dein Kind, wie es Mama und Papa mit der Trennung geht. Wenn du selbst Unsicherheit ausstrahlst, wird auch dein Kind unsicher und kann sich nicht auf die neue Bezugsperson einstellen.

*Zwischen dem 3. und 6. Lebensjahr*, in der sogenannten „magischen Phase", haben Kinder Angst vor Tieren, Dunkelheit, vor Fantasiegestalten, Räubern und Einbrechern, ja sogar Angst vor dem Tod und vorm Sterben ist Thema (Vernichtungsangst und Todesangst). Diese Phase heißt „magische Phase", weil die Kinder keinen Unterschied zwischen Wirklichkeit und Fantasie machen. Für sie ist beides real. Es ist also möglich, dass das Krokodil unterm Bett wohnt, oder die Tiere von der Bettwäsche lebendig werden. Auch hier dürfen wir Eltern unsere Kinder gut begleiten. Als Eltern können wir unser Kind in dieser Phase liebevoll begleiten, indem wir mit ihm über alles reden, das Kind ernst nehmen, Fragen ehrlich beantworten, gut zuhören und es in die Arme nehmen, wenn es die elterliche Nähe braucht.

Bitte sei vorsichtig im Umgang mit Medien! Jedes Bild, das dein Kind wahrnimmt, wird abgespeichert, und zu einem anderen Zeitpunkt wieder hervorgerufen. Zu einem Zeitpunkt, wo du gar nicht damit rechnest. Jüngere Kinder können das Gesehene im Film nicht verarbeiten und einordnen – das kann zu Ängsten führen. Deshalb immer Filme mit den Kindern gemeinsam anschauen und im Anschluss an den Film das Gesehene besprechen.

*6. bis 8. Lebensjahr:* Angst vor übernatürlichen Dingen, vor Donner und Blitz und vor dem Alleinsein

Wer von uns hat sich nicht als Kind vor Donner und Blitz gefürchtet?

Als meine Kinder noch klein waren, und es hat gedonnert und geblitzt, habe ich meinen Kindern immer erzählt, die Engel spielen Fußball und bei jedem Tor gibt's einen Knall. Und dann haben wir die Tore gezählt.

Den älteren Schulkindern haben wir erklärt, wie das mit dem Schall und dem Licht ist, und warum wir zuerst den Blitz und danach den Donner hören. Jetzt werden immer die Sekunden gezählt und dann auch dividiert, um zu wissen, wie weit das Gewitter entfernt ist.

Kindern hilft in dieser Situation auch Wissen. Wissen gibt Sicherheit und hilft gegen Angst. Daher beantworte ich oft die Fragen meiner Kinder, wenn es gerade donnert: Kann der Blitz bei uns einschlagen? Was mache ich, wenn ich während eines Gewitters im Wald bin?

Auch das Alleinsein ist bei Kindern in diesem Alter ein Thema. Lass dein Kind nie allein, wenn es das nicht möchte. Ein Kind braucht Sicherheit und Vertrauen. Dann traut es sich auch Dinge wie alleine zu bleiben, zu. Und manche Kinder stellen dann gerne Fragen wie „Was mach ich, wenn es an der Tür läutet." Bereite dein Kind auf die Situation gut vor – ängstige es nicht, beantworte aber seine Fragen ehrlich!

*9. bis 12. Lebensjahr:* Angst vor Prüfungen in der Schule und soziale Ängste. Sobald in der Schule die ersten Schularbeiten starten, beginnen sich die jungen Schüler ein wenig zu fürchten.
„Was, wenn ich es nicht schaffe." Wichtig ist, dass von uns Eltern kein Druck kommt. Solange von uns kein Druck kommt, bleibt auch meist die Angst weg. Vermittle Deinem Kind wieder Sicherheit: „Du kannst das", „Du hast Dich gut vorbereitet", „Du schaffst das." Manche Eltern geben ihrem Kind einen Glücksbringer mit, den sich das Kind auf den Tisch legen kann.

Die Kraft liegt in meinem Kind. Ich habe meinem Kind immer vermittelt, dass es die Schularbeit, Prüfung auch ohne Glücksbringer schafft. Stärke dein Kind, indem es sich kurze Bestärkungssätze vorsagt:
„Ich bin gut!" „Ich bin wertvoll!" „Ich habe gelernt!" „Ich kann das!"

*12. bis 18. Lebensjahr:* Soziale Ängste wie Angst vor der Zurückweisung durch Gleichaltrige, bei den älteren Kindern auch Angst vor politischen oder ökonomischen Krisen und Gefahren.

Das zentrale, durchlaufende Thema in unserem Leben und auch bei Kindern ist die Angst vor dem Verlust der Geborgenheit.

In welchem Entwicklungsstadium befindet sich mein Kind gerade?
Welche Ängste beschäftigen es?

........................................................................................................................

........................................................................................................................

........................................................................................................................

........................................................................................................................

# Woran erkenne ich, ob mein Kind Angst hat?

Nicht immer kommt dein Kind zu dir und sagt „Mama/Papa, ich habe Angst". Nachstehend schreibe ich ein paar mögliche Symptome nieder, an denen du erkennen kannst, ob dein Kind eventuell Angst hat.

- Manche Kinder reagieren mit körperlichen Reaktionen auf Angst. Plötzlich nässt ein sauberes Kind wieder jede Nacht ein. Das kann ein Zeichen dafür sein, dass das Kind Angst hat.
- Manche Kinder reagieren mit Bauchschmerzen, vor allem Kinder im Alter zwischen acht und zwölf Jahren. Wenn es keine medizinischen Ursachen für das Bauchweh gibt, kann es ein Zeichen für Angst sein. Auffällig ist es dann, wenn das Kind nach einem schönen Wochenende am Montag über Bauchschmerzen klagt und nicht in die Schule mag. Die Nähe von uns Eltern kann dann helfen, um die Angst zu besiegen und das Kind für den Schulalltag stark zu machen.
- Manche Kinder ziehen sich immer mehr zurück, bauen sich eine Höhle und möchten nicht mehr hinaus. Wenn dieser Rückzug stärker und dauerhafter wird und das Kind auch nicht erklären kann, warum es das tut, kann das ein Zeichen für Angst sein.
- Manche Kinder verstummen. Denn wer spricht in unserer Gesellschaft schon offen über seine Ängste? Wann hast du das letzte Mal deinem Kind von deiner Angst erzählt? Wir möchten unsere Kinder schützen und daher sprechen wir vor ihnen meist nicht über Angst Sie wissen daher auch nicht, wie sie darüber sprechen sollen und dann verstummen sie. Sie werden leise und ruhig.
- Manche Kinder werden plötzlich ordentlich – sie ordnen ihre Stifte, ihr Gewand, ihr Spielzeug. Oder sie beginnen, ihre Geschwister und Eltern zu kontrollieren. Bei diesen Kontrollversuchen geht es darum, etwas in den Griff zu bekommen, das man eigentlich nicht kontrollieren kann. Sie machen ihren Familienmitgliedern Vorschriften, wie etwas abzulaufen hat und werden dann als „tyrannisch" oder „bestimmend" beschrieben.
- Ein weiterer Hinweis, dass das Kind mit einer Angst kämpft, ist, wenn sich ein Gefühl vertauscht. Das passiert im Kind unbewusst. Wenn ich ein Gefühl nicht fühlen darf, wenn ich mein Gefühl nicht teilen darf, wenn mein Gefühl nicht verstanden wird, dann kann sich das Gefühl umtauschen. So wird aus Traurigkeit Ärger, aus Hilflosigkeit Trauer und aus Angst Aggression. Daher ist es so wichtig, dass wir selbst und unseren Kindern vorleben, ihre Gefühle zu spüren und darüber zu sprechen.

## Was hilft also, um deinem Kind Ängste zu nehmen und Sicherheit zu vermitteln?

Reden hilft! Setz dich hin und erzähle deinem Kind von deiner Angst, erzähle ihm, was dich gerade bedrückt. Du darfst auch deine Angst zeigen. Denn Angst darf sein. Jede unterdrückte Angst wächst! Und antworte deinem Kind wahrheits- getreu und altersgerecht. Gib deinem Kind Halt durch Sätze wie „Ich pass auf dich auf." Kinder wollen geschützt werden und brauchen Sicherheit von uns Erwachsenen. Nimm dein Kind ernst und vermeide bitte Floskeln. Sag das, was du weißt. Und verwende das Wort „und". Nicht „Ich hab dich lieb, aber...", sondern „Ich hab dich lieb, und..."

Hier noch ein paar Formulierungen:

- „Ich selbst bin unsicher UND ich vertraue darauf, dass unsere Familie eine Krise gut übersteht."
- „Ich möchte viel mit euch Kindern machen UND ich brauche auch Zeit für mich allein."
- „Ich muss arbeiten und brauche ungestörte Zeit im Homeoffice UND ich möchte gemeinsam mit euch essen, reden spielen, ..."

## Hilfe durch Geborgenheit und Trost:

Wenn ein Kind eine nahe Person verliert, ist trauern sehr wichtig. Gefühle sind da, um sie zu fühlen! Daher lassen wir zu, dass das Kind an den Trauerritualen (Begräbnis) teilnehmen darf, wir sprechen mit dem Kind darüber, wie es einem selbst wehtut, dass diese Person nicht mehr da ist.

Je mehr darüber gesprochen wird, desto besser kann das Kind den Todesfall verarbeiten. Damit vermitteln wir dem Kind: „Du bist nicht allein." Wir schenken dem Kind dadurch Geborgenheit und Trost.

## Wir Eltern sind Vorbilder – Kinder lernen von uns

Wir können unsere Kinder noch so oft ermahnen, etwas zu tun, solange wir es nicht selbst tun, sind unsere Worte nur Schall und Rauch. Wir sind Vorbilder: im Nein-Sagen, im Angst-Haben, im Mut- Vermitteln, im Darüber-Sprechen. Wir sind Vorbilder, wie wir mit unseren Glaubenssätzen umgehen. Geben wir diese an unsere Kinder weiter?

Welchen Glaubenssatz habe ich meinem Kind
in Bezug auf seine Ängste vielleicht unbewusst mitgegeben?

## Erzogener Erzieher

Jeder Versuch, jemand anderen zu einer Verhaltensänderung zu bringen, scheitert, denn letztlich entscheidet immer die Person selbst, ob sie etwas tun will oder nicht. Dein eigenes Verhalten steht aber in deiner Macht. Wenn es dir gelingt, dein Verhalten zu ändern, dann wirst du auch eine Änderung bei deinem Kind entdecken.

Wenn ein Kind ein unerwünschtes Verhalten zeigt, fokussieren sich alle auf das Kind, damit es sich ändert: Ermahnungen, Drohungen, Druck, usw. Wenn ich aber mein Verhalten verändere, ändert sich auch etwas im Kind. Daher schau immer zuerst bei dir selbst, was du in deinem Tun ändern kannst. Vielleicht bist du zu wenig Vorbild im Spüren deiner Gefühle? Vielleicht unterstützt du sogar unbewusst die Ängste deines Kindes, weil es für dich bequem ist? Oder du verstärkst unbewusst die Angst deines Kindes?

**Wie möchte ich an meinem Verhalten noch arbeiten?**
**Was kann ich an meinem Tun ändern?**

........................................................................................................

........................................................................................................

........................................................................................................

## Zutrauen und Sicherheit

Wenn du merkst, dass dein Kind Angst hat, möchtest du ihm helfen und dafür sorgen, dass es nicht mehr leidet. Manchmal wird dann die Angst verstärkt. Was kannst du also tun? Du siehst und nimmst die Schwierigkeiten wahr, die dein Kind hat, und gleichzeitig zeigst du dein Zutrauen in die Fähigkeiten deines Kindes, dass es seine Ängstlichkeit bewältigen kann.

**Beispiel**
**Mein Kind hat Angst vor einem Dieb und fragt, ob die Haustür abgesperrt ist. Du könntest darauf reagieren, indem du sagst: „Du brauchst dich darum nicht zu kümmern. Wir Eltern sorgen für deine Sicherheit. Du kannst beruhigt schlafen." Damit mutest du deinem Kind zu, seine Angst auch einmal auszuhalten und zeigst Zutrauen. Es stärkt dein Kind, wenn es lernt, seine eigene Angst selbst zu regulieren. Du darfst es dann aber auch aushalten, dass sich dein Kind ängstigt. Starke Kinder brauchen auch starke Eltern. Eltern, die gut beobachten, was das Kind braucht: mehr Zutrauen in die eigenen Kräfte oder doch noch etwas Geborgenheit von uns Eltern.**

## Angst greifbar machen

Eine Möglichkeit ist auch, die Angst greifbar zu machen. Wenn das Kind Angst vor einem Gespenst hat, nimm es ernst, frag das Kind, wo dieses Gespenst denn ist. Meist verstecken sich die Gespenster im Dunkeln. „Wir schalten das Licht ein, dann läuft es davon."

Eine Krankheit, wie Corona, ist schwer zu konkretisieren. Überlege, wie du diese Angst greifbar machen kannst: Vielleicht magst du mit deinem Kind ein Virusmonster aus Knetmasse gestalten oder ein Bild malen? Überlegt gemeinsam, wovor das Monster Angst hat? Hör deinem Kind zu, was es dir von dem Monster erzählt.

**Seid gemeinsam kreativ! Hier noch ein paar Ideen, wie ihr die Angst greifbar machen könnt:**

- Traumfresser/Angstfresser: Das Kind kann das selbst gezeichnete Bild über das Bett hängen und sich dadurch besser fühlen.
- Bemalter Kraftstein: Das Kind kann sich daran festhalten. „Ich mache einen für mich und du machst einen für dich."
- Zauberstab aus Küchenrolle basteln und mit allen möglichen Materialien bekleben.

Was auf gar keinen Fall geht, ist, die Angst zu unterdrücken. Setze dich damit auseinander, sprich mit deinem Kind darüber. Wenn dein Kind genug hat und sich sicher fühlt, hört es von selbst damit auf.

## Über angstfreie Zeiten sprechen

Es ist hilfreich, der Angst auch nicht andauernd Aufmerksamkeit zu schenken. Höre dem Kind, das über seine Angst spricht, aufmerksam zu, aber rede auch nicht ständig darüber.
Es ist gut, mit dem Kind auch über Zeiten zu sprechen, in denen es keine Angst hatte/hat.
Damit vermittelst du deinem Kind, dass die Angst nicht sein ganzes Leben bestimmt, sondern es auch viele Zeiten gibt, in denen die Angst nicht da ist.

Beispiel
Dein Kind kommt vom Kindergarten, den es nur mit viel Weinen besucht hat.
Ich frage also nicht:
„Und hast du Angst gehabt?" Damit lenke ich die Aufmerksamkeit auf die Angst.
Sondern:
„Was war heute Schönes im Kindergarten? Mit wem hast du gespielt?"
Lenke also den Blick gezielt auf Zeiten, in denen die Angst nicht da war.

## Die Kraft steckt in deinem Kind

Albträume sind ein Thema in vielen Familien. Wie viele Nächte wurden mir schon von Albträumen meiner Kinder geraubt! Wenn sie weinend aufschrecken und nicht mehr einschlafen können, weil die Hexe wieder da ist oder das Gruselmonster. Manchmal hat das Kuscheln geholfen und manchmal haben wir uns im Bett eine Fortsetzung des Albtraumes überlegt. Eine Fortsetzung, in der mein Kind zum Helden wurde, und die Hexe heulend und zähneknirschend verbannt hat. Heute schaffen es meine Kinder ganz allein, sich nach einem Albtraum ein Happy End zu überlegen und erzählen mir dann am nächsten Tag voller Freude, wie sie den Albtraum und die Angst besiegt haben. Die Kraft steckt in deinem Kind! Unterstütze dein Kind dabei, seine Kraft zu finden und sie zu nutzen!

## Stress reduzieren

Stress erhöht die Wahrscheinlichkeit des Auftretens von Angst. Es lohnt sich, zu überlegen, welche Stressfaktoren es im Leben deines Kindes und in deiner Familie gibt. Was hilft, ist den Tag gut zu strukturieren.

## Werde zum Goldgräber

Bemühe dich, die positiven Eigenschaften deines Kindes im Blick zu haben. Kennst du den Goldgräber? Der sitzt am Fluss und schärft seinen Blick für das Gold. Er sieht den Schlamm und die Steine nicht. Er ist nur auf das Gold fixiert. Wir Eltern dürfen uns auf die Stärken unseres Kindes konzentrieren. Besonders das sehen, was unser Kind gut kann. Mit jeder anerkennenden Bemerkung stärkst du den Selbstwert deines Kindes und damit auch seine Fähigkeit, mit seinen Ängsten umzugehen. Für mich hat sich ein Tagebuch bewährt, in dem ich jeden Abend die Stärken meines Kindes eintrage. Nach 14 Tagen habe ich dann ein tolles Buch in der Hand, wodurch sich die Wahrnehmung auf und damit auch die Beziehung zu meinem Kind ändert!

### Diese Stärken hat mein Kind:

.......................................................................................................................................................................

.......................................................................................................................................................................

..............................................................................................................................................................

..............................................................................................................................................................

..............................................................................................................................................................

..............................................................................................................................................................

**Quellen:**

- Wilhelm Rotthaus „Ängste von Kindern und Jugendlichen. Erkennen, verstehen, lösen", Carl Auer Verlag, 2020
- www.minimed.at/medizinische-themen/gesundes-kind/angststoerungen-bei-kindern
- Vortrag von Dr. Udo Baer „Masken der Angst" bei der Studientagung des Bundesministeriums für Familien und Jugend im November 2020, www.soziale-innovationen.de
- Heinrich Hug, Monika & Andreas Neubauer, Hertha und Martin Schiffl, „Unser größter Schatz", Patris Verlag, 2009
- Jan Uwe Rogge „Ängste machen Kinder stark", Rowohlt Taschenbuch, 1999

**Hilfreiche Kinderbücher:**

Kindergartenalter

- Das große Buch vom Mutigsein, Loewe, 2012
- Stella und die Wunschtraummuschel, Karin Schranz-Klippl, 2019
- Selina, Pumpernickel und die Katze Flora, Susi Bohdal, 2014
- Mächtig mutig! Das Angst-weg-Buch, Astrid Hille, 2005

Volksschule

- Mädchen sind fantastisch, Sarah Lundberg, 2020
- Das große starke Buch, Susanna Isern, 2020

Jugend

- Onkel Montagues Schauergeschichte", Christ Priestles, 2007
- Stormbreaker, Alex Rider, 2006
- Ja nein vielleicht. Nie mehr Angst vor Nähe. Ein Mutmachbuch für junge Erwachsene, Stefanie Stahl, 2015

"

**Karin Schranz-Klippl:** Warum dein Wunschtraum so wichtig ist, aber oft nicht erreichbar scheint:
Veränderungen müssen zuerst im Denken, dann im Fühlen und dann im Handeln stattfinden.
Also muss ein Plan her, der dir dabei hilft, deinen Wunschtraum ganz aktiv zu erreichen.
Und alles, was du jetzt tust, beeinflusst deine Zukunft – nicht deine Vergangenheit.

### Dream. Believe. Do. Repeat.

Welch bedeutende Rolle die richtige Zielsetzung spielt,
um deinen Wunschtraum zu erreichen, schildert Dr. Iris Floimayr-Dichtl im folgenden Kapitel.

"

# Für Erfolge braucht es Ziele!

Dr. Iris Floimayr-Dichtl, Sportwissenschafterin, Unternehmerin, Mentorin

# Für Erfolge braucht es Ziele!

Bist du bereit, deinen Wunschträumen Leben einzuhauchen? Dann lade ich dich dazu ein, in die Welt der Ziele einzutreten.

*In 20 Jahren wirst du die Dinge, die du nicht gemacht hast, mehr bereuen als die Dinge, die du gemacht hast.*
*Mache die Leinen los und verlasse den sicheren Hafen. Fange den Wind in deinen Segeln ein.*
*Erforsche. Träume. Entdecke.*
*(Mark Twain)*

## Persönlicher Zugang – meine Story

Als unternehmerischer Geist ist mir das Thema „Ziele setzen" bereits seit über 20 Jahren geläufig. Ich muss allerdings dazusagen, dass mir die Relevanz der Fokussierung auf eine bestimmte Sache nicht von Beginn an bewusst war. Es brauchte viel Erfahrung, Mentoren, Bücher, Seminare, Coachings aber auch Mut, Begeisterung, Risikobereitschaft, Fehler, Lernhunger und Abkehr vom Perfektionismus, bis mich mein beruflicher Weg dorthin gebracht hat, wo ich jetzt mit meinem Unternehmen mamaFIT und meiner Network Marketing Partnerfirma stehe. Ich habe es mir zum Ziel gemacht, andere Frauen mit der Essenz aus den zwei Jahrzehnten unternehmerischer Tätigkeit bei ihrem beruflichen Erfolgsweg zu unterstützen. Im sportlichen Kontext mache ich Frauen fit, gesund und glücklich. Bei beiden Arbeitsfeldern spielen Ziele eine große Rolle.
Im Folgenden erzähle ich dir meine Geschichte, um dich zu bestärken. Egal welche Voraussetzungen du hast – auch du kannst es schaffen, dir mit Begeisterung und Fokus auf deine Ziele deinen Wunschtraum zu verwirklichen.
Ich bin das erste von vier Kindern einer Familie mit einem kleinen Bauernhof in einem Dorf in Oberösterreich. Weder meine Eltern noch jemand anderer im engeren Familien- und Freundeskreis waren unternehmerisch tätig. Role Models oder Bestärkung zum Unternehmertum aus dem eigenen Umfeld hatte ich, bis ich mit 17 zum Studium nach Wien kam, nicht. Woher kommt also dieser Hang zur Selbstständigkeit, zur Freiheitsliebe, zum Denken und Handeln als Entrepreneur?
In der Reflexion betrachtet, kann ich feststellen, dass ich mich bereits in der Volksschule und im Gymnasium in der Führungsrolle (als Bandenchefin, Klassensprecherin oder im Einsatz für andere, wenn mir etwas ungerecht erschienen ist) sehr wohlgefühlt habe.
Die Lust, mein Ding zu machen und die Interessen meiner Community zu verteidigen, spüre ich schon sehr lange als tiefen, inneren Antrieb. Mein Tun hat sich immer um Dinge gedreht, mit denen ich anderen in irgendeiner Weise helfen konnte. Die zweite Sache, die als Unternehmer*in wichtig ist, ist, sich nicht von seinen Ideen und Träumen abhalten zu lassen, sondern sie trotz äußerer widriger Umstände zu verteidigen. Das, was ich also zu Beginn als Hindernis wahrgenommen hatte – keine Unternehmerfamilie, die Erstgeborene zu sein und sich alles erkämpfen zu müssen – hat dazu geführt, dass ich unkonventionell und frei von Erwartungshaltungen mein Unternehmertum leben kann und Widerstände nicht als solche akzeptiere, sondern dagegen ankämpfe. Diese Haltung wurde zu meiner Lebensschule, die mir beim Aufbau meiner Selbstständigkeit und meines Unternehmens als wesentlicher Erfolgsfaktor half, um meine Ziele fokussiert und voller innerem Feuer zu verfolgen.

Ich durfte erleben, wie sich im Laufe der Zeit zwar nicht mein ureigenes „Warum", anderen helfen zu wollen und ihr volles Potenzial zu leben, veränderte, aber dafür die Inhalte und das Setting, in dem sich mein Zielecluster befand. Je nachdem, in welcher Lebenslage ich mich selbst befand, haben sich meine Ziele gewandelt. Und das ist ein ständiger Prozess, den ich sehr begrüße.

Im Moment fühle ich mich sehr in der Frauengesundheit angekommen. Ich helfe Frauen dabei, Gesundheit auf allen erlebbaren Ebenen zu erlangen: körperlich, geistig, finanziell. In den Unternehmen, die ich leite, sehe ich mich als Leaderin, Vorbild und Mentorin, die anderen Frauen hilft, dass sie in ihre Kraft (zurück)kommen. Dabei stelle ich großzügig mein Wissen und meine Erfahrungen zur Verfügung.

Ziele helfen mir, in die Gänge zu kommen und mich auf etwas hinzubewegen. Für mich ist das vorrangige Ziel nämlich nicht, das Ziel selbst zu erreichen, sondern die nötigen Handlungen zu setzen, die es braucht, um sich in Richtung Ziel zu bewegen. Der Zeitrahmen, den ich hinzufüge, führt dazu, dass ich die Handlungen beschleunigter setze, als hätte ich keine klar terminisierten Ziele dahinter. Die Beschäftigung mit Zielen hat mir geholfen, meinen Lebenssinn zu ergründen und geeignete Parameter aufzustellen, um erfolgreich und erfüllt durchs Leben gehen zu können. Die kraftvollsten Ziele sind für mich jene, die mich energetisieren, die mich in der Früh aus dem Bett locken, weil sie mich so anziehen. Im Folgenden zeige ich dir meine Erkenntnisse und Techniken, die mir dabei helfen, mir meine Ziele zu setzen, sie erfolgreich zu realisieren und mir damit mein Wunschtraumleben zu kreieren.

## Warum braucht man überhaupt Ziele?

Ohne Commitment zu einem fixierten Ziel treibst du wie ein Segelboot am offenen Meer, von Wellen und Wind angetrieben, irgendwo hin. Du übernimmst damit keine klare Verantwortung für dein Leben und brauchst dich nicht zu wundern, dass du nicht dort ankommst, wo du vielleicht gerne sein möchtest. Ziele geben uns eine Richtung vor und halten uns auf Kurs.

Egal, welchen Lebensbereich du aktiv neugestalten möchtest – wie deinen beruflichen Weg, dein Traumhaus, deinen Wunschpartner, deine Spiritualität, deine finanzielle Gesundheit – bei jedem Vorhaben, das du zum Leben erwecken möchtest, wirst du zu Beginn nur so sprudeln vor Ideen. Das ist wichtig! Diese Energie und Begeisterung werden dir helfen, Hindernisse gut meistern zu können.

Zu Beginn zeigt sich eine große Anzahl an Wegen, die man gehen könnte, aber welcher ist der richtige?

Hier mischen sich euphorisch freudige Gefühle mit Angst vor dem Neuen, Ungewissheit und Anspannung. Das ist ganz normal. Um zu ergründen, ob der neue Weg der richtige ist, solltest du zunächst dein zugrundeliegendes „Warum" mit den richtigen Fragen finden. Dieses „Warum" muss sich energetisierend und motivierend anfühlen. In einem zweiten Schritt formulierst du die Ziele, die zu diesem emotional positiv aufgeladenen „Warum" passen. So kannst du deine Energie fokussiert einsetzen, dein hohes Motivationslevel Tag für Tag abrufen und mit deinen neu entwickelten Routinen, die du passend zu den Zielen mit dir vereinbarst, umsetzen.

## Wie kommst du zu dieser Begeisterung?

Indem du an dich und dein Vorhaben glaubst und auch fest davon überzeugt bist, dass du dein Ziel erreichen kannst.

Hier spielen die Glaubenssätze, die bereits im ersten Kapitel bei Marguerite Harnoncourt thematisiert wurden, eine große Rolle. Je größer dein Selbstvertrauen ist, umso leichter wird es dir fallen, einen tiefen Glauben an dich und das Erreichen deiner Ziele zu haben. Egal, wie groß sie auch sein mögen.

Laut einer Studie der University of Scranton sagen nur acht Prozent der Menschen, dass sie ihre Neujahrsvorsätze erfolgreich umsetzen. Die überwiegende Mehrheit erreicht ihre selbstgesteckten Ziele scheinbar nicht. Was machen die erfolgreichen acht Prozent anders? Ihr Geheimnis liegt im Umgang mit ihren Zielen. Das beginnt mit der Ergründung des Warums und endet bei der korrekten Formulierung sowie dem Umgang der Realisierungsschritte der eigenen Ziele.

Die Zielformulierung, am besten nach der BE SMART Formel (mehr dazu findest du in diesem Kapitel), ist wie ein Routenplaner, der es ermöglicht, zu jeder Zeit die richtigen Schritte zu setzen, sich die richtigen Fragen zu stellen und alles Tun an der Erreichung der selbstgesteckten Ziele auszurichten.

Nur, wenn du dein „Warum", deinen Ausgangspunkt und deine Ziele kennst, wirst du deinen Wunschtraum bald in die Realität holen. Deine am besten schriftlich ausformulierten und festgehaltenen Ziele dienen als Richtungsweiser, aus dem sich deine gesamte Erfolgsstrategie und die Wahl der eingesetzten Tools und Maßnahmen ableiten lässt. Wie bei einem Navigationsgerät brauchst du zunächst Standort und Ziel, um im zweiten Schritt die Marschroute festzulegen. Darum sind klar definierte Ziele so wichtig.

Je mehr Dinge du dir als Ziele vornimmst, umso mehr musst du deine 100 Prozent an Energie auf verschiedene Bereiche aufteilen. Darum mein dringender Rat: Nimm dir pro Lebensbereich maximal ein großes Ziel vor, an dem du arbeitest. Mit der Übung „Bucketlist für deinen Lebensbereich" kannst du herausfinden, was dir in welchem Lebensbereich im Moment besonders wichtig ist.

## Machen Ziele glücklich?

Nein, definitiv nicht! Es ist der Prozess, der dahintersteckt: Das „Sich selbst und seinen Lebenszweck dabei entdecken". Glück ist, wenn du deinen Lebenssinn gefunden hast und ihn mit deinen Zielen, die in dir Begeisterung und Motivation wecken, verfolgst.

Die Glücksmomente, die uns im Tun begegnen, die Menschen, der Moment, sich überwunden zu haben, dass dir etwas das erste Mal gelungen ist, dass du diese Freude mit jemandem teilen kannst, dass du spürst, du hast mit deinem Tun jemandem auf seinem Weg geholfen. Das sind die Dinge, die an den Zielen zur Belohnung als Glücksmomente dranhängen. Mach dich und dein Leben zu deiner Priorität und verfolge deine Ziele auf produktive Weise. Wir alle wollen, dass wir in unserem Leben etwas erschaffen und der Nachwelt hinterlassen. Das funktioniert mit Zielen einfacher. Und wenn du dich davon angezogen fühlst, dann mach dich auf den Weg!

# Was hilft, Ziele zu erreichen?

## Etappen einbauen

Ist ein anvisiertes Ziel zu groß oder weit weg, dann hilft es, sich das Ziel in kleinere Portionen aufzuteilen, Etappen mit Zwischenzielen einzubauen und einen klaren Plan zu entwickeln, was man bis wann erreichen möchte, damit am Ende das große Ziel eingeloggt werden kann. So wird das Ziel greifbarer und der Prozess dorthin motiviert mehr.

## Hilfreiche Tools

Hier stehen dir viele bewährte Konzepte zur Verfügung. Je nachdem, welcher Typ du bist, wird dich mehr ein tägliches Schreiben oder Zeichnen einer Gedankenlandkarte (Journaling, Mindmap), geistige Arbeit (mit Affirmationen, Meditationen) oder etwas Gestalterisches (Vision Board) anziehen. Mehr dazu erfährst du im nächsten Kapitel „Vision Board" von Ines Hofbaur.

## Routinen etablieren

Wir alle haben Routinen. Hinterfrage dich, ob dir die Routinen, die du jetzt hast, bei der Umsetzung deiner Ziele dienlich sind. Nehmen wir z.B. an, du hast einen 40-Stunden-Job, von dem du loskommen möchtest. Er erfüllt dich nicht mehr, du bekommst wenig Wertschätzung und die Bezahlung ist weit unter dem, was du dir vorstellst.
Dein Ziel ist es, mit einer nebenberuflichen Tätigkeit zu starten, die du zu deinem neuen Hauptberuf aufbauen möchtest. Nun wirst du Zeitressourcen finden müssen für diese neue Aufgabe. Dabei wirst du zeitfressende Routinen entlarven und durch produktive neue Arbeitsroutinen ersetzen müssen. Du verabschiedest dich z.B. von Netflix, TV, Zeitung und Radio. Damit gewinnst du nicht nur Zeit, sondern säuberst deine Gedanken auch von medialem Brainwashing.
Das wiederum hilft dir, dein Ziel mehr in Chancen und weniger in Problemen zu denken. Damit kann die positive Aufwärtsspirale beginnen.

Was mache ich täglich, und bringen mich diese Routinen meinem Ziel näher?

Um eine neue, bleibende Routine zu entwickeln, braucht es etwa 66 Tage, an denen du etwas auf täglicher Basis tust, um damit das Feuer in dir zu entfachen und dranzubleiben. Eine der wichtigsten Erfolgsgewohnheiten ist es, sich auf eine Sache zu konzentrieren, diese abzuschließen und erst dann zur nächsten weiterzugehen. Wenn du außerordentliche Ergebnisse erzielen möchtest, ist das ein Erfolgsgarant.

## Ziele richtig beschreiben nach der BE SMART Formel

Kraftvoll werden Ziele erst, wenn sie klar beschrieben werden, wenn sie anziehend und messbar sind, wenn sie eine emotionale Komponente haben und einen Stretch in unserem Geist bewirken und wenn sie realistisch sind. Was für mich auch immer wichtig war, ist, dass ich mir meine Ziele schriftlich fixiert habe. In einer Studie von Dr. Gail Matthews wird dieser Punkt ganz speziell unter die Lupe genommen.

Er fand heraus, dass jene Menschen, die ein Ziel schriftlich festgehalten haben, dieses um 39,5 Prozent häufiger realisiert haben als jene, die es nur verbal formulierten. Was aber noch spannender ist, ist die Tatsache, dass jene, die zusätzlich auch ihren Freunden und Familien davon erzählt und ihnen über den Fortschritt der Zielerreichung berichtet haben, ihre Ziele zu 76,7 Prozent erreicht haben! Verschriftlichung ist bereits effektiv, aber doppelt so effektiv war es, anderen von den eigenen Zielen und Zwischenerfolgen zu erzählen.

- Es zählt also das Commitment zu sich selbst und die Verantwortung seinen Zielen gegenüber, die man öffentlich kommuniziert.
- Formuliere die Ziele dabei im Präsens, also so, als wären sie schon passiert. Du kreierst dabei dein zukünftiges Leben einmal in deinem Kopf und dann im echten Leben.
- Vermeide dabei Negierungen oder die Wörter „nicht"/„kein"/„weniger". Das Unterbewusstsein kennt keine Verneinung. Du sollst also das formulieren, was du möchtest und nicht das, was du nicht möchtest.
- Je konkreter du deine Ziele beschreibst, umso leichter wird dir die Umsetzung fallen.

Hier hat sich die folgende BE SMART Regel als sehr brauchbar erwiesen. Ziele sollen, damit sie eine Chance auf Umsetzung haben, folgende Kriterien erfüllen.

### B wie bedeutsam und Buddy

Das Ziel hat eine Bedeutung für mich und einen von mir gewählten Lebensbereich, dem ich das Ziel zuordne UND ich nehme mir für die Erreichung des Ziels einen Buddy. Das kann jemand sein, der auch gerade an einem sehr ähnlichen Ziel arbeitet, oder jemand, dem ich immer wieder vom Fortschritt meines Ziels berichte, und der den Auftrag hat, mich immer wieder zu bestärken und an mein Commitment zu diesem Ziel zu erinnern.

**Beispiel**

*Ich möchte meinen Traumpartner finden*

Ich verbringe Weihnachten 2021 mit meinem Traumpartner, mit dem ich mein weiteres Leben verbringe und eine Familie gründe. Mit meinem Coach habe ich wöchentlich ein 30-minütiges Meeting, in dem ich lerne, meinen Traumpartner in mein Leben zu ziehen, und zu welchem Menschen ich werden muss, damit das geschieht. Ich setze die Aufgaben lernwillig und motiviert um.

## E wie Emotion

Das Ziel muss mein inneres Feuer zum Lodern bringen, ich muss dafür brennen und mit voller Begeisterung und Freude an die Sache herangehen. Genauso freue ich mich schon auf den Zeitpunkt, wenn ich das Ziel erreicht habe, und versetze mich mit allen Sinnen geistig in diese Lage.

**Beispiel**

*Ich unterstütze Frauen auf ihrem Weg zu mehr Gesundheit*

Ich bin beseelt von der Idee, mit meinen Angeboten in jedem Jahr 1000 weiteren Frauen den Weg zu mehr körperlicher, geistiger und finanzieller Gesundheit zu zeigen. Es zieht mich magnetisch an und verschafft mir ein warmes Gefühl der tiefen Zufriedenheit, wenn ich sehe, dass die Frauen mit meinem Wissen und meiner Erfahrung ihre Unabhängigkeit und Selbstbestimmung leben und sich ihr Traumleben in die Realität holen.

## S wie spezifisch und schriftlich

Ich formuliere mein Ziel spezifisch und nicht zu vage. Außerdem formuliere ich es im Präsens, damit es meinem Unterbewusstsein zeigt, dass ich es schon erreicht habe. Zudem fixiere ich meine Ziele schriftlich, lese sie mir täglich laut durch und verinnerliche sie in der Meditation.

**Beispiel**

*Ich mache jeden Tag 30 Minuten Sport*

## M wie messbar

Das Ziel ist durch eine Deadline oder eine erreichte Zahl messbar und damit auch klar überprüfbar. Ich kann damit erkennen, wann ich das Ziel umgesetzt habe.

**Beispiel**

*Ich koche im Monat 20-mal am Abend etwas Frisches.*

## A wie attraktiv

Das Ziel zieht mich magisch an, ich finde es unglaublich attraktiv. Dadurch bin ich auch bereit, die nötigen Schritte dafür zu setzen. Ich spüre Motivation und Begeisterung in mir, wenn ich daran denke, was danach alles möglich wird.

### Beispiel

*Ich heirate am 20. Mai in meinem Traumhochzeitskleid und fühle mich wie eine Prinzessin.*
*Ich erlebe den schönsten Tag in meinem Leben und werde meinen Traumpartner heiraten.*

## R wie realistisch

Das Ziel soll nicht in unerreichbare Ferne rücken, aber dennoch eine Dimension haben, die mich herausfordert und mich aus meiner Komfortzone deutlich herauslockt. Wenn es sich um ein sehr großes Ziel handelt, ist es gut, sich dazu auch gleich Etappenziele zu überlegen, und vorerst diese anzuvisieren. Den Big Dream sollte ich aber nicht aus den Augen verlieren. Wenn ich konsequent dranbleibe und es gut plane, ist jedes Ziel, wie groß es auch sein mag, erreichbar. Die Frage ist eher: Bin ich schon der Mensch, der ich sein muss, um das Ziel erreichen zu können?

### Beispiel

*Großes Ziel:*
*Ich laufe am 2. Mai beim Marathon in Wien mit und komme als Finisherin überglücklich*
*und in bester Gesundheit und Leistungsfähigkeit in einer Zeit von 3:30h durchs Ziel.*
*Unterziel:*
*Ich mache am 3.2. eine Laufanalyse und besorge mir neue Laufschuhe und Laufkleidung.*

## T wie terminlich fixiert

Hinter dem Ziel ist eine klare Deadline, bis zu der das Ziel umgesetzt ist. Das schafft Verbindlichkeit und Überprüfbarkeit.

### Beispiel

*Ich fixiere dreimal in der Woche Mama-me-time mit mir.*
*Einmal Shiatsu am Montag um 10 Uhr und am Dienstag und Donnerstag 45 Minuten Laufen gehen.*
*Die Termine vereinbare ich bereits einen Monat im Voraus und trage sie in den Familienplaner ein.*

# Bucketlist für jeden Lebensbereich – Übung

Du hast zwar jetzt Wunschträume und Ziele notiert, aber welche davon sollst du jetzt zuerst angehen?

In diesen Lebensbereichen kannst du Ziele für dich herausarbeiten:

- Körperliche Gesundheit
- Mentale Gesundheit – Mindset
- Persönlichkeit
- Partnerschaft - Sexualität
- Freundschaften - Sozialleben
- Familie
- Elternschaft
- Beruf
- Spiritualität
- Emotionen
- Meine Lebensqualität
- Meine Vision
- …

Je mehr Dinge du dir als Ziele vornimmst, umso mehr Streuverlust hast du beim Thema Energie.

Du hast wie jeder andere Mensch nur 24 Stunden pro Tag Zeit und musst deine 100 Prozent an Energie auf verschiedene Bereiche aufteilen. Darum mein dringender Rat: Nimm dir pro Lebensbereich maximal ein großes Ziel vor, an dem du arbeitest! Versuche, wenn möglich, auch nur an einem Lebensbereich zu arbeiten. Mit der folgenden Übung kannst du herausfinden, was dir in welchem Lebensbereich im Moment besonders wichtig ist.

Nimm dir zunächst deine Lebensziele aus allen Lebensbereichen her, die du nun priorisierst.

**Schritt 1:** Hol dir ein weißes Din-A4 Blatt unliniert und lege es querformatig vor dich hin.

**Schritt 2:** Mache in der Mitte einen Längsstrich von oben bis unten.

**Schritt 3:** Schreibe links eine beliebige Zahl zwischen eins und 20.

**Schritt 4:** Schreibe nun auf der linken Seite die zehn wichtigsten Wunschträume (kann beliebig ersetzt werden durch: Herzensbusinessziele, Familienziele, Partnerschaftsziele, usw.) auf

**Schritt 5:** Nun ordne diese zehn Wunschträume deiner Priorität nach von 1 = wichtigster Traum, den ich als Erstes umsetze, bis 10 = dieser Wunschtraum kann noch etwas warten

Diese Übung kannst du mit jedem beliebigen Lebensbereich oder auch deinem Wertesystem umsetzen, indem du eine Priorisierung vornehmen möchtest. Damit weißt du, welchen Bereich du dir als Erstes vornehmen solltest.

Diese Übung kann man auch gemeinsam mit seinem Partner (Lebensbereich Partnerschaft, Familie, Werte) und den Kindern (Lebensbereich Familie, Freizeit, Urlaub) wunderbar machen, um herauszufinden, wo Gemeinsamkeiten liegen.

So kann man sich zu gemeinsamen Zielen bekennen, daran arbeiten und das Familienband stärken.

## Stell dir die richtigen Fragen

Wenn du noch nicht genau weißt, was du möchtest, und wofür dein Herz schlägt, dann kannst du über die Beantwortung folgender Fragen deiner Begeisterung, deinem Warum und deinen Zielen näherkommen. Nimm dir dazu alle Zeit, die du brauchst. Geh in die Stille, meditiere vielleicht auch über die eine oder andere Fragen und halte deine Antwort schriftlich auf Papier fest.

### Orientierende Fragen

- Was oder wer möchte ich eigentlich wirklich sein?
- Bin ich jetzt auf dem richtigen Weg? Wenn nein, welchen Weg möchte ich gehen?
- Wobei empfinde ich große Freude und Begeisterung?
- Was sind meine Herzensziele im Leben ganz allgemein, in der Familie, als Mama, in der Partnerschaft, im Beruf, in meiner Gesundheit, für mich als Person, für meine Community, in der ich lebe,...?
- Welches Leben möchte ich in einem Jahr, in fünf Jahren, in zehn Jahren führen?

### Spezielle Fragen zu einem Ziel

Du hast bereits ein Ziel klar formuliert! Gratuliere! Jetzt geht es ans Finetuning!

- Habe ich mein Ziel nach der BE SMART Formel konkretisiert und schriftlich festgehalten?
- Habe ich nach der Bucketlist Methode das EINE Ziel in diesem Lebensbereich herausgefunden?

Wenn du beide Fragen mit „Ja" beantworten kannst, dann frage dich:

- Was ist die eine Sache, die ich hier und jetzt tun kann, um mein Ziel in meinem Leben zu erreichen, damit alles andere einfacher wird?

## Vermeide diese Zielediebe

### Alles auf einmal machen

Multitasking ist ein Mythos. Unser Gehirn ist nicht dafür gemacht, dass wir mehrere Dinge gleichzeitig denken und tun können, ohne bei einer Sache Abstriche zu machen oder die Fehlerquote zu erhöhen.
Finde also heraus, was jetzt im Moment die eine Sache ist, die dir hilft, in dem Lebensbereich voranzukommen, und ordne alles andere unter.

### Sich für das Zielesetzen und Nachjustieren keine Zeit nehmen

Wer sich keine Zeit für sich nimmt, braucht sich nicht zu wundern, dass seine Träume immer nur Wunschblasen sind, aber nicht in die Realität kommen. Plane darum bewusst Zeit ein für die Fragen rund um das Finden und Planen deiner Ziele.

Es handelt sich dabei um die Umsetzung deiner Wunschträume, die du in dir hegst. Somit ist es Me-Time! Reserviere dir darüber hinaus in regelmäßigen Abständen Zeiten für das Überprüfen und Nachjustieren deiner Ziele.

### Zu allem „Ja" sagen

Wer unfähig ist, „Nein" zu sagen, gefährdet seinen Wunschtraum und verabschiedet sich gleichzeitig von seinen eigenen Zielen! Das bedeutet, zu allen Anfragen, Angeboten, Hilferufen, Ablenkungen, die nicht dem Erreichen deines Ziels dienen, „Nein" zu sagen.
Es mag auf den ersten Blick sogar etwas egoistisch klingen, dass man zu allem anderen „Nein" sagen soll. Doch betrachtet man es genauer, ist ein „Ja" zum Ziel des anderen ein „Nein" zu deinen eigenen Zielen.

### Dein Lebensstil raubt dir Energie

Du kannst nur dann fokussiert an deinen Zielen arbeiten, wenn du fit und gesund bist. Neigt sich deine Energie dem Ende zu, oder füllst du deine Akkus nicht regelmäßig wieder auf, kannst du deine Ziele nicht weiterverfolgen, weil sich gesundheitliche Ziele immer wieder stark in den Vordergrund drängen, die dich zu längerer Ruhe und Pause zwingen.

Wer sich zu viel auf einmal vornimmt, ohne seinen Körper dabei mit ausreichend Energie zu versorgen, betreibt Raubbau an den eigenen Ressourcen und killt damit seine Produktivität. Lege dir daher eine tägliche Energieroutine zurecht (z.B.: Meditation, Morgensport, Arbeit gut planen, gesundes Frühstück, Dinge tun, die dich erfüllen und Freude bereiten)

## Sich mit Nebensächlichkeiten abgeben und das Chaos nicht aushalten

Wenn du beginnst, an deinen Zielen zu arbeiten, werden die restlichen Arbeitsfelder nicht stillstehen, sondern dich nach wie vor mit Dingen zumüllen, die mit deinem Ziel wenig bis gar nichts zu tun haben. Wir können leider keinen Stopp-Knopf drücken. Wie also damit umgehen?

Du musst untergeordnete Dinge auf einen späteren Zeitpunkt verlagern, andere Zuständigkeiten dafür vorsehen und Dinge delegieren lernen. Priorität hat die Erledigung jener Angelegenheiten, die zur Umsetzung deines wichtigsten Ziels führen. Alles andere wird untergeordnet. Egal, wie deine Lebenssituation aussieht – es gibt immer eine Lösung. Wenn du bereit bist, für einen längeren Zeitraum täglich deinem Ziel Zeit zu widmen und an der Umsetzung zu arbeiten, wirst du außerordentliche Ergebnisse erzielen.

## Du hast keinen Support von deinem Umfeld

Dieser Punkt ist besonders hart! Eine solide Basis für das Erreichen deiner Ziele sind Menschen und Bedingungen, die dich in der Umsetzung deines Wunschtraums unterstützen. Es beeinflusst alles – deine Geisteshaltung, dein Durchhaltevermögen, deine Gesundheit und deinen Erfolg. Darum ist es so wichtig, sich mit erfolgreichen und positiven Menschen zu umgeben, die einen bei den eigenen Zielen unterstützen. Das betrifft sowohl den privaten als auch den beruflichen Bereich.

Also achte ab jetzt ganz besonders darauf, mit wem du dich umgibst und welche täglichen Routinen du hast, denn wir sind immer der Durchschnitt jener fünf Menschen, mit denen wir am meisten Zeit verbringen. Hast du es vorrangig mit ehrgeizigen, zielstrebigen und motivierten Menschen zu tun, färbt das auf deine Arbeitsmotivation und dein Leistungslevel ab.

Doch nicht nur Menschen, sondern auch Medien (Social Media, Print, TV) und andere Ablenkungen können uns von unseren Zielen abhalten. Wenn du an deinem Ziel arbeitest, schalte möglichst alle akustischen und visuellen Ablenkungen ab und sei ganz bei der Sache.

Räume also den Weg zum Erfolg frei und pflastere ihn mit erfolgreichen, bestärkenden und positiven Menschen und Settings, die dich auf dem direktesten Weg an dein Ziel bringen.

## Ziel erreicht – was nun?

Der Sinn eines Ziels ist es vorrangig, uns in die Gänge zu bringen und in eine Richtung zu gehen. Wenn wir unser Ziel erreicht haben, fühlen wir für einen Moment den Triumph, dem anschließend ein Gefühl der Leere folgt. Denn was ist nun? Auf den Moment solltest du vorbereitet sein und einen Plan für danach haben.

Jetzt gilt es, wenn es nur ein Zwischenziel war, zu schauen, welchen Meilenstein man als nächstes anvisiert. Wenn es das Grande Finale war, wie z.B. Matura geschafft, großen Auftrag/Kunden gewonnen, Marathon gefinisht, usw., dann ist es gut, wenn man sich schon vorher ein weiteres größeres Ziel überlegt hat, das man als nächstes in Angriff nehmen möchte.

Warum ist das wichtig?

Wir spielen im Leben ein sogenanntes „infinite game" – ein Spiel, das erst mit unserem Tod tatsächlich endet. Wir tun etwas, weil uns allein der Prozess Freude macht. Das ist ein wesentliches Kriterium eines gut gewählten Ziels. Was folgt, ist: Zwischenziele erreichen, das Voranschreiten, das konstante Lernen und Wachsen. Wir versuchen, in einer konstanten Weiterverbesserungswelle nach dem Prinzip von Plan-Do-Review-Do (Eric Worre) niemals zufrieden zu sein mit dem, was wir erreicht haben. Das bedeutet, dass Ziele ständig neu den aktuellen Gegebenheiten angepasst werden können.

Die Ziele, die wir schon erreicht haben, stärken unser Selbstvertrauen in unsere Kräfte und Chancen. Darum ist auch der Rückblick wichtig, um das zu ehren, was wir bereits aus eigener Vorstellungs- und Umsetzungskraft geschafft haben und das, was dadurch in Zukunft alles möglich sein kann.

Beim Weiterwachsen helfen uns Fehler und Scheitern. Begrüße darum Fehler in deinem Leben, denn erst durch sie kannst du auf das nächste Level kommen, wenn du bereit bist, dir neue Ziele zu setzen und aus deinen Fehlern zu lernen.

## Dein Wunschtraum-Plan

Gestalte nun selbst deine BE SMART Ziele auf der nächsten Doppelseite

Quellen:

- Start with Why, (Frag immer erst: Warum) (2009), Simon Sinek, 2009
- The ONE Thing,Gary Keller, Jay Papasan, 2012
- Der Erfolg ist in dir, Dale Karnegie & Assoc, 1993
- Mein bestes Jahr Workbook, Nicole Frenken, Susanne Pillokat-Tangen, 2019
- Gesetze der Gewinner, Bodo Schäfer, 2001
- Denke nach und werde reich. Die Erfolgsgesetze, Napoleon Hill, 2005
- Mental stark zur Bestleistung, Wetzel Jörg: Gold, Orell Füssli Verlag, Zürich: 65 – 68, 2010
- Eric Worre: Go Pro, www.networkmarketingpro.com, 2014

# Meine 10 Wunschträume

Beschreibe sie in Stichworten!

#1

#2

#3

#4

#5

#6

#7

#8

#9

#10

## Prüfe deine Wunschträume in Bezug auf die BE SMART Regel!

| Ergänze hier noch deine Wunschträume von 1-10 und hake dann anhand der BE SMART Begriffe ab! | B bedeutsam | E emotional | S spezifisch | M messbar | A attraktiv | R realistisch | T terminisiert |
|---|---|---|---|---|---|---|---|
| #1 | | | | | | | |
| #2 | | | | | | | |
| #3 | | | | | | | |
| #4 | | | | | | | |
| #5 | | | | | | | |
| #6 | | | | | | | |
| #7 | | | | | | | |
| #8 | | | | | | | |
| #9 | | | | | | | |
| #10 | | | | | | | |

"

**Karin Schranz-Klippl:** Im ersten Lockdown, im März 2020, habe ich meinen ersten richtigen Vision-Board-Workshop besucht. Er fand via Zoom in Wien statt, und ich war online in Hamburg mit dabei. In diesem Workshop und durch den Lockdown kamen Sehnsüchte und Wünsche in mir hoch. Ganz viele Gefühle waren da und ich habe meine Wünsche (also was ich wirklich, wirklich wollte) mit konkreten Bildern und Worten auf mein Vision Board geklebt und geschrieben. Einer der Wünsche auf meinem Vision Board war der Umzug zurück nach Wien, der bis zu dem Zeitpunkt gar kein konkretes Thema war.

Drei Monate später hatte ich genau die Wohnung von meinem Vision Board: Lage, Größe, Raumaufteilung, mit Balkon und Garten. Das hatte ich nämlich als „entweder oder" auf meinem Board, das Universum hat mir gleich beides serviert. Und nun lebe ich seit August 2020 wieder in Wien, in meiner Heimatstadt. Ich kann es manchmal noch immer nicht glauben, mit wie viel Leichtigkeit – trotz aller Anstrengungen – alles abgelaufen ist und wie schnell alles kam!

Mag. Ines Hofbaur zeigt im letzten Kapitel des Workbooks, wie man durch die Kraft der Visualisierung seine Wunschträume auf beinahe spielerische Art und Weise realisieren kann und sich somit das Leben schafft, von dem man vielleicht schon immer geträumt hat.

"

# Wünschen, Manifestieren, Visualisieren

Mag. Ines Hofbaur, Mentorin, Journalistin und Steinekünstlerin

# Wünschen, Manifestieren, Visualisieren

## Wie du all das in dein Leben ziehst, was du wirklich willst

Das Leben ist kein Wunschkonzert? Doch, ist es! Und noch mehr als das: Du bist die Dirigentin oder der Dirigent, du gestaltest deine Zukunft, und du bestimmst mit, womit dich das Leben beschenkt. Allerdings reicht es nicht aus, einen Wunsch einfach nur auszusprechen, niederzuschreiben oder ans Universum abzuschicken. Es gehört schon ein bisschen mehr dazu. In diesem Kapitel erfährst du, wie du zur/zum Wunsch- und Manifestier-Meister*in werden kannst, und warum es so hilfreich ist, deine kühnsten Träume und Visionen in Bilder und Worte zu fassen.
Ich beschäftige mich selbst seit einigen Jahren mit dem Thema, halte Visionen-Workshops für Frauen ab und produziere Steine mit bestärkenden Affirmationen und Wunsch-Worten, die bei meinen Kund*innen immer wieder Magisches bewirken. Mein Wissen darüber, wie du mehr Freude, Leichtigkeit und Fülle in dein Leben bringen kannst, gebe ich auch als Mentorin und in Form einer Jahresbegleitung für Frauen weiter. Als Journalistin und Texterin bin ich von der Kraft der Worte überzeugt und liebe es, mit meinen Texten Menschen zu berühren, wertvolle Impulse und nützliches Wissen weiterzugeben und so manch kleines Wunder zu bewirken.

Es ist mir ein Herzensanliegen, dass du weißt, dass du die Regisseurin oder der Regisseur deines Lebens bist und niemand sonst. Es ist nie zu spät ist, dein Leben zu deinem Lieblingsfilm zu machen und deine Wunschträume zu verwirklichen. Das Einzige, was es dazu braucht, ist dein Wille zur Veränderung, eine gute Portion Vertrauen, eine Prise Neugierde und den Mut, etwas Neues auszuprobieren. Bist du bereit? Dann lade ich dich hiermit ein, dich auf etwas für dich vielleicht komplett Neues einzulassen. Du brauchst dazu keine gute Fee und du hast weit mehr als nur drei Wünsche frei!

## Warum Wünschen und Manifestieren funktionieren

Vom „Gesetz der Anziehung" hast du vielleicht schon einmal gehört und vielleicht auch von „Bestellungen beim Universum" oder von „The Secret". Es ist schon lange kein Geheimnis mehr und es funktioniert im Grunde ganz einfach, all das in dein Leben zu ziehen, was du wirklich, wirklich haben willst. Ohne jetzt weit auszuholen, und ohne etwas von Quantenphysik oder komplexen Theorien verstehen zu müssen, musst du nur eines wissen: Alles um dich herum (und natürlich auch du!) besteht aus Schwingung, alles ist Energie.
Und alles ist wie auf magische Weise miteinander verbunden. Du kannst diese Energie und Verbindung nicht direkt sehen, aber du kannst sie vielleicht spüren, denn sie ist immer da. Du bist – wie alles um dich herum – eine Energiewolke und funktionierst wie ein Magnet. Du sendest und empfängst immer – und fast immer unbewusst. Deswegen ist es so wichtig, dass du auf deine Gedanken und inneren Dialoge achtest. Darauf, wohin du fokussierst und auch auf die Fragen, die du dir (und damit dem Universum) stellst. Es gilt stets: Was du ausstrahlt, ziehst du an. Wenn Du nach etwas fragst, bekommst du Antworten, die etwas nach sich ziehen, unmittelbare Auswirkung auf dein Leben haben und mitbestimmen, was dir passiert und begegnet.

# Wie du richtig wünschst – Tipps und Tricks

## Geniale Fragen stellen

Fragen sind ein wichtiges Wunsch-Tool, denn sie eröffnen Möglichkeiten und sorgen für Antworten. Wenn du verzweifelt und vom Schicksal gebeutelt „Warum ich?" fragst, ist das zum Beispiel tückisch. Denn welche Antworten kommen darauf? „Weil ich es nicht besser verdient habe", „Weil ich immer das Pech habe...", „Weil es immer die Schwächsten trifft". Indem du dir diese Antworten gibst, „bestellst" du dir mehr davon und gerätst – nicht nur gefühlsmäßig – in eine Abwärtsspirale. Wenn du dir dabei wieder dich als Magnet vorstellen willst: Dein negativer Pol lädt sich mehr auf und bekommt mehr Zug.

Versuche deswegen lieber Fragen zu stellen, die neue Möglichkeiten eröffnen, die gut für dich sind, eine positive Wende ins Feld kommen lassen und dir Besserung deiner Situation versprechen. „Was ist da Gutes für mich möglich?" oder „Wo ist da ein Geschenk für mich und mein persönliches Wachstum." Das Universum liefert dir immer entsprechende Antworten. Denke immer daran, dass du mit jedem Gedanken Gefühle erzeugst, die dich als Wunschmagnet entsprechend schwingen und senden lassen und dann dazu führen, dass du mehr von dem bekommst, was du ausstrahlst. Vergiss also nie, deine Fragen so zu formulieren, dass du darauf nur positive, vielversprechende Antworten bekommen kannst. „Wie könnte es noch besser sein?", ist eine gute Frage, die du ruhig jeden Tag stellen kannst. Denn du willst ja, dass es noch besser wird, oder?

## An deiner Wunschenergie arbeiten

Wünschen funktioniert dann am besten, wenn du in der richtigen Wunschenergie bist. Du hattest sicher schon Phasen in deinem Leben, in denen alles wie am Schnürchen lief, und solche, in denen sich scheinbar alles spießte.
Auch wenn „Ein Unglück kommt selten allein" zu den Glaubenssätzen gehört, die du am besten gleich umprogrammieren solltest – Tatsache ist: Wenn du in einer „Unglücks-Energie" bist, mit dem „falschen" Fuß aufgestanden bist oder in einer vermeintlichen Pechsträhne festhängst, ziehst du auch mehr „Schlechtes" an. Das willst du zwar nicht, aber das geschieht unbewusst durch deine momentan herrschenden Überzeugungen und die Stimmung, in der du bist.

Aus Mangel, Wut oder Verzweiflung zu wünschen, führt nie zum gewünschten Ergebnis. Derart negative, niedrig schwingenden Gefühle sind eine schwierige Wunsch-Basis, denn du gehst dadurch mit dem in Resonanz, was du nicht willst.

Eigentlich logisch und leicht gesagt, aber wie kommst du nun aus dieser Negativschleife heraus? Wie kannst du etwas an einer ungeliebten Situation ändern, obwohl du gerade wütend, verärgert, traurig oder verzagt bist?
Es ist ganz einfach: Du entscheidest, worauf du fokussierst. Versuche „gute", hoch schwingende Emotionen zu verstärken. Sobald du es schaffst, in einen Zustand der Dankbarkeit, Freude, Zuversicht, Zufriedenheit oder des Glücks zu geraten, sendest du bereits die „richtige" Energie aus, damit mehr Gutes zu dir kommt.

Bedanke dich immer wieder für etwas, das du bereits hast, koste kleine Momente der Freude voll aus und übe dich in Zuversicht. Das funktioniert auch gut mit Affirmationen wie „Alles ist gut, so wie es ist", oder wenn du morgens mit dem Satz „Der heutige Tag bringt mir etwas Wundervolles und ich freu mich darauf" aus dem Bett steigst. Völlig egal, ob mit dem linken oder rechten Fuß, es kommt nur auf dein Mindset, auf deine innere Einstellung an. Am besten machst du dir einen Sport daraus, in scheinbar schwierigen Situationen und Herausforderungen, die dir das Leben zuspielt, ein Geschenk zu finden. Jemand leert dir eine Fuhre Mist vor die Tür? Es ist deine Entscheidung, ob du dich darüber ärgerst oder du den Mist in deinem Garten als Dünger verwendest. Du hast es in der Hand. Zusammenfassend: Wunschträumen und Manifestieren funktionieren dann besonders gut, wenn du in einer positiven, hoch schwingenden Energie bist und dich richtig gut fühlst.

## Unbewusstes Bestellen

Ich gebe dir ein Beispiel, um die Sache mit der Wunsch-Energie und dem unbewussten „Bestellen" zu veranschaulichen: Vor vielen Jahren, als ich noch in einem fixen JournalistInnen-Job war und keine kreative, handwerkliche Tätigkeit ausübte, war ich bei einer Goldschmiedin, um einen Ring in Reparatur zu geben. Sie steckte mein Schmuckstück in ein kleines Pergament-Säckchen, klebte es mit einem hübschen Sticker zu, und dann kam alles in ihr kleines Auftragskistchen. All das fand in ihrem hellen, kleinen Atelier statt. Ich kann mich noch so genau an diesen kleinen Moment erinnern, denn ich spürte ganz tief drinnen in mir ein unglaublich starkes „Oh! Genau DAS will ich auch!". Ich weiß auch noch, dass ich am Weg zur Straßenbahn kurz darüber nachdachte, ob ich vielleicht besser ein Handwerk gelernt hätte, statt zu studieren.
Jahre vergingen und diese kleine Begebenheit fiel mir erst wieder ein, als ich erkannte, dass genau das für mich eingetreten war: Ich stand in meinem kleinen, hellen Arbeitskammerl, steckte einen meiner Steine in ein Pergament-Säckchen und verklebte es mit einem hübschen Sticker. Ohne es zu wissen, aber scheinbar mit so viel Freude und Begeisterung dafür, hatte ich mir das schon Jahre vorher „bestellt". Unbewusst und ohne zum damaligen Zeitpunkt auch nur irgendeine Ahnung davon gehabt zu haben, dass ich einmal selbst ein Kreativ-Business haben würde. Das, was diesen Moment des innigen Wünschens so stark und für meine Vision zugkräftig gemacht hatte, war meine Begeisterung für etwas, was meine Goldschmiedin hatte und ich (noch) nicht. Schon ein kleiner, scheinbar unbedeutender Moment kann Großes für Deine Zukunft bewirken, wenn du so stark damit in Resonanz gehst.

## Wissen, was du wirklich willst

Definiere für dich, was du wirklich, wirklich willst. Schreibe deinen sehnlichsten Wunschtraum oder dein Ziel möglichst genau auf, stell es dir vor, gestalte ein Vision Board, visualisiere deine Wünsche immer wieder vor deinem geistigen Auge, (tag)träume davon. Benutze dazu all deine Sinne, versuche, in das Gefühl hineinzugehen, als ob du es schon hättest.
Was spürst du dabei? Was riechst du? Wie fühlt es sich an? Wie geht es dir dabei? Welche Person bist du, wenn du das hast, was du so unbedingt haben willst? Spüre das Glücksgefühl, wenn du bereits am Ziel deiner Träume bist, und dann bedanke dich dafür.

„Danke, dass ich alles bekomme, was ich wirklich will, und was gut für mich ist."

Es kann natürlich auch sein, dass es dir im Moment nicht möglich ist, deinen Wunsch genau zu definieren, weil du dir nicht im Klaren darüber bist, was du eigentlich willst. Lass dich davon nicht stressen. Wenn du dein Ziel nicht definieren kannst, dann konzentriere dich auf deine Gefühle und wie es sich für dich anspüren soll.

Als ich einmal Job wechselte, hatte ich keine konkrete Idee, was ich eigentlich machen wollte. Ich wusste nur, dass ich eine Veränderung brauchte. PR-Agentur, Redaktion, Verlag, Selbstständigkeit? Ich konnte mich nicht entscheiden. Was ich aber wusste, war, wie meine Arbeitsumgebung aussehen sollte. Auch dass mein Arbeitsweg kürzer als der alte sein sollte, und wie ich mir das das Team vorstellte, mit dem ich zusammenarbeiten würde.

Ich sah vor meinem geistigen Auge sogar die hellen, stylishen Räumlichkeiten, die mein künftiger Wirkungsort bieten sollte. Immer wieder wunschträumte ich mich dorthin, schrieb alles auf und freute mich darauf, was sich da wohl bald zeigen würde. Ein paar Wochen später kam ein Anruf von einer Freundin, die mich zu einem Vorstellungsgespräch in ihre Agentur einlud. Ohne dass ich mich bei ihr beworben hatte, oder wir je über eine Möglichkeit der Zusammenarbeit gesprochen hatten. Als ich die Räumlichkeiten betrat, erkannte ich alles wieder, obwohl ich noch nie dort gewesen war. Es sah genauso aus, wie ich es mir vorgestellt hatte! Den Job habe ich natürlich bekommen. Das war mir schon in dem Moment klar, als ich dort durch die Tür gegangen bin.

## Wie? Nicht deine Aufgabe!

Jetzt habe ich eine richtig gute Nachricht für dich, wenn du absolut keinen Plan hast, wie dein Wunschtraum Wirklichkeit werden soll: Entspann dich, denn du bist fürs „Wie" vielleicht gar nicht zuständig! Träume sind oft so groß, dass du zum jetzigen Zeitpunkt noch gar nicht wissen kannst, wie du dort hinkommst. In dem Fall darfst du einfach darauf vertrauen, dass dir das Leben im richtigen Moment die richtigen Erfahrungen, Gegebenheiten und Begleiter*innen vorbeischickt, die dich weiterbringen.

Wenn du nämlich anfängst, dir über das „Wie" den Kopf zu zerbrechen, bist du schnell bei allen möglichen Hindernissen, Blockaden und Gedanken, warum das alles nicht funktionieren kann.

Ja, du kennst sie sicher, diese kleinen, fiesen Einflüsterer im Kopf! „Das schaff ich nicht!", „Dafür bin ich schon zu alt!", „Damit werde ich sicher nicht reich", „Alle guten Partner*innen sind schon vergeben". Geh stattdessen in dein Herz und vertraue. „Alles kommt zu mir im richtigen Moment".

Denn das Leben meint es gut mit dir, es ist immer FÜR dich! Allerdings heißt das jetzt nicht, dass du dich jetzt in dein stilles Kämmerlein zurückziehen kannst, um einfach nur darauf zu warten, dass alles eintritt, was du gerne hättest. Aktiv an deinen Zielen dranzubleiben, ist wesentlich und wichtig. Sowohl im Geiste als auch durch Aktionen, die du setzt, und Impulsen, denen du tagtäglich folgst.

Wunder sind immer da. Dein ganzes Leben ist ein Wunder. Du bist ein Wunder. Der ganze Kosmos ist ein Wunder. Es liegt an dir, dir dieser Wunder um dich herum bewusst zu werden und mehr davon in dein Leben einzuladen. Fang damit an, dass du dich für kleine Wunder begeisterst – etwa für die zarte Knospe eines Baumes, das Wolkenspiel am Himmel oder einen vorbeiziehenden Vogelschwarm – und überlege dir, welche Wunder dir selbst schon passiert sind. Oder von welchen Wundern du gehört hast. Erwarte nicht, dass dich ein Wunder „rettet", aber lade immer wieder neue Wunder in dein Leben ein, kleine und große. Sie unterstützen dich auf deinem Weg. Und oft dann, wenn du es am wenigsten erwartest. Lass dich überraschen und das Wichtigste: Glaube an Wunder! Hast du schon einmal eines erlebt? Hat sich etwas in deinem Leben schon einmal „wie durch ein Wunder" gefügt? Eben! Wer sagt, dass du dir nicht mehr davon herbeiwunschträumen kannst?!

## Was sonst noch wichtig ist

### Bleib dran!

Manchmal dauert es eine Zeit, bis sich ein Wunsch erfüllt. Vertraue darauf, dass das Universum den richtigen Zeitpunkt für dich wählt. Folge deinen Impulsen, deinem Bauchgefühl. Oft sind es die ganz kleinen Zeichen am Wegesrand, die dich an die richtige Abzweigung bringen oder dich zu den gerade wichtigen Menschen oder Entscheidungen führen. Es kann schon dein Leben (und das vieler anderer Menschen) verändern, wenn du einmal eine andere Gasse nach Hause gehst. Wer weiß, was du dabei entdeckst, oder wen du triffst? Alles ist verbunden, alles macht Sinn, wenn man den großen Zusammenhang sehen kann. Je älter du wirst, desto besser wirst du erkennen können, wie sich Mosaiksteinchen in deinem Leben ineinanderfügen und ein stimmiges Bild ergeben. Nichts ist sinnlos, du kannst den Sinn vielleicht nur noch nicht sehen.

## Warum Wünschen manchmal nicht funktioniert

Wie kann es also sein, dass trotzdem gewisse Wünsche einfach nicht in Erfüllung gehen, selbst wenn du alles „richtig" gemacht hast und es so sehr willst? Hier sind ein paar wahrscheinliche Gründe dafür – und ich beantworte damit auch die Frage, warum dann nicht jeder Wunschprofi im Lotto gewinnt.

### Wunsch-Verhinderer am Werk

Bei jeder/m von uns sind auch einige Wunsch-Verhinderer im Spiel. Die meisten davon arbeiten in deinem Unterbewusstsein, etwa alte Glaubenssätze wie „Ich bin nicht gut genug", „Ich bin es nicht wert", „Ich kann das nicht" oder „Ich darf das nicht". Außerdem trägst du negative Erfahrungen, Überzeugungen und Ängste mit dir herum, die dir weismachen wollen, dass das ja nur schlecht ausgehen kann. Die meisten dieser Ängste und Überzeugungen sind wahrscheinlich in deiner Kindheit entstanden.

Der erste Schritt, all das zu überwinden, ist das Bewusstmachen deiner Ängste und deiner innerlichen Blockaden. Und dann kannst du damit beginnen, dich Schritt für Schritt umzuprogrammieren. Dein Gehirn ist jederzeit dazu imstande, neue neuronale Verbindungen zu schaffen. Du kannst deine grauen Zellen bis ins hohe Alter in Richtung „think pink" trainieren und lernen, anders zu denken, dich zu verändern und somit auch anders als bisher zu handeln und auf Situationen zu reagieren.

### Dein eigener Weg

Du bist hier, um zu wachsen und das Beste aus deinen Anlagen zu machen. Deswegen kann es auch sein, dass die Erfüllung eines Wunsches, im ganz großen Kontext betrachtet, nicht optimal zu deiner Weiterentwicklung beiträgt. Du willst vielleicht wirklich im Lotto gewinnen, aber es würde dich persönlich, auf deinem Seelenweg nicht weiterbringen.

### Der richtige Zeitpunkt

Auch der Zeitpunkt der Wunscherfüllung steht in einem größeren Zusammenhang, als du ihn jetzt vielleicht erkennen kannst. Es kann sein, dass du dich einfach noch gedulden musst, dass auf dem Weg zu deinem Ziel noch für dich wichtige Lebensaufgaben zu bewältigen sind, oder auch das Gegenteil: Es kann sein, dass du auf einmal überrumpelt wirst, weil alles „Bestellte" plötzlich, viel früher als erwartet und vielleicht in etwas anderer Form als gedacht, bei dir aufschlägt. Vertraue darauf, dass es keinen falschen Zeitpunkt gibt! „Alles in meinem Leben passiert zur rechten Zeit".

## Übungen und Impulse zum Wünschen und Manifestieren

### Schreiben und Visualisieren

Schreibe deine aktuell wichtigsten Wünsche (oder einen Wunsch) auf, formuliere ihn dabei so, als ob sich schon alles erfüllt hätte. „Ich schlafe jede Nacht tief und fest und wache erholt wieder auf". „Ich liebe meinen neuen Job und freue mich auf jeden Arbeitstag". Wiederhole diese Wunsch-Affirmationen jeden Abend beim Einschlafen und fühle dich dankbar, freudig und glücklich mit allen Sinnen hinein. Auch ein Vision Board ist dabei ein toller Begleiter. Anleitungen dazu findest du am Ende dieses Kapitels.

### Umprogrammieren deiner Überzeugungen

Achte auf deine Gedanken, Worte und Formulierungen. Wenn sie negativ oder hinderlich sind, schreib sie um. „Die Technik ist meine Freundin", „Das geht sich leicht aus", „Das Leben ist ein Wunschkonzert".

Sprich niemals schlecht über dich!
„Ich bin so ein Schussl", „Ich bin so blöd", „Ich hab immer Pech". Stopp! Feiere dich!
Du bist wunderbar und einzigartig. Niemand ist wie du. Schön, dass es dich gibt!

### Träumen

Wann immer du dazu Gelegenheit hast, träume dich in all das hinein, was du gerne hättest. Träume dich in die beste Version deines Selbst hinein. Lass deine Gedanken fliegen. Grenzenlos, freudig und weit. Träume haben keine Grenzen. Nichts hat in Wahrheit Grenzen. Grenzen gibt es nur in deinem Kopf. Vielleicht unterstützt dich ruhige Musik dabei oder ein bestimmter Song. Schau in den Himmel oder in die Ferne oder schließe deine Augen und träume, träume, träume! Dadurch öffnest du sämtliche Kanäle, damit alles Gewünschte zu dir finden kann.

### Meditieren

In dich gehen, zur Ruhe kommen und dich in deinen inneren Raum zurückziehen, ist wichtig für dich und für die Weitung deines Geistes. Nur wenn du ganz ins Jetzt kommst und deine Sinne vom Außen zurückziehst, kannst du völlig Neues erschaffen. Denn alles, woran du denkst, egal ob Vergangenes oder Künftiges, hast du ja schon irgendwo gespeichert, es kann nicht neu sein. Erst im absolut leeren Raum, in der Stille, kann eine komplett neue Dimension entstehen. Schon ein paar Minuten am Tag senken messbar deinen Angst- und Stresslevel und erhöhen deine Zufriedenheit, deine Zuversicht und deine Dankbarkeit. Und damit kommst du immer mehr in die beste Wunschenergie. Wenn du ein paar Minuten Meditation vor dem Gestalten deines Vision Boards oder dem Schreiben deiner Wunschkärtchen einbauen kannst, umso besser!

## Gestalte dein persönliches Vision Board – so geht's

**Das brauchst du dafür:**
- Schreibpapier und Stift
- Eine Leinwand (alternativ: ein Holzbrett, ein großes Zeichenblatt, einen Karton oder einfach ein Notizbuch)
- Schere
- Klebstoff (Bastelkleber, Klebestift oder Klebelack)
- Zeitschriften mit schönen Bildern und Botschaften zum Zerschnipseln

**Das könntest du auch noch verwenden:**
- Farben und Stifte (Acrylfarben, Wasserfarben, Lackstifte,...)
- Postkarten, Spruchkarten, Sticker
- Fotos (von dir, von Reisen, von deinen Liebsten,...)
- Schönes Papier (Geschenkpapier, Seidenpapier, hübsche Einkaufssackerl)
- Deko-Klebebänder
- Glitzer (Steinchen, Streuglitter, Glitzernagellack, Schminkglitzerpulver,...)
- (Gummi-)Schnüre, Bindfaden, Geschenkbänder
- Wäscheklammern
- Stempel (Buchstaben, Symbole,...)

NUR IMMER HEITER VERTRAUEND WEITER UND FRISCH UND MUNTER BERGAN, BERGUNTER; AUF SCHMALEN STEGEN UND STEILEN WEGEN MIT FLOTTEM FUSS DEM ZIELE ZU.

Dankbarkeit ist der Himmel selber, und es könnte kein Himmel sein, gäbe es die Dankbarkeit nicht

eine große Stille, ein großer Segen.

HEIT

MUT

LBE

LOS

Annehmen und loslassen

„Es ist immer alles da!" Du hast sicher all das daheim, was du genau brauchst! Beim Visualisieren deiner aktuellen Herzenswünsche oder einer großen Vision geht es darum, ein Bild zu zaubern, das dich mit deinem Wunsch auf einer tiefen Ebene verbindet und dich beim Wunschträumen unterstützt.

**Wichtig:** Lass dich beim Gestalten deines Vision Boards von deinem Herzen leiten und nicht von einer Vorstellung, wie es auszusehen hat. Lass dich von dir selbst überraschen! Gehe möglichst absichtslos und ohne Erwartungsdruck in den kreativen Prozess hinein.

1. Schneide als ersten Schritt all das aus deinen Zeitschriften aus, was dich „anspringt", berührt oder auf irgendeine positive Weise anspricht. Das können Bilder sein, Worte oder Zitate.
   Dein Vision Board kann aus vielen bunten Eindrücken bestehen, oder aber nur aus einer Botschaft oder einem Wort. Vertraue darauf, dass sich das Richtige zeigt und verbringe nicht Stunden damit, ein bestimmtes Wort zu suchen. Sammle und schnipsle als ersten Schritt einfach munter drauf los.
2. Dann kannst du damit beginnen, mit deinen Bildern und Worten herumzuspielen, und sie als nächsten Schritt auf deiner Leinwand oder einem anderen Untergrund zu arrangieren. Vielleicht magst du vorher deine Leinwand und dein künftiges Vision Board noch in einer bestimmten Farbe oder mehreren Farbtönen grundieren? Auch ein großes Stück Musterpapier oder eine ganze Magazinseite können als Hintergrund gut passen.
3. Nun kannst du die Bestandteile deines Vision Boards nach und nach mit Klebestift oder Klebelack befestigen. Geh auch hier einfach Schritt für Schritt vor, spiele herum und gib deinem visualisierten Wunschtraum den Raum, aus sich heraus zu entstehen. Lass dich von deinen Gefühlen leiten und nicht von deinem Kopf. Ein Blick auf dein Vision Board soll dein Herz zum Hüpfen und deine Seele zum Leuchten bringen. Darum geht's und nicht darum, dass es „perfekt" ist.
4. Platziere dein Vision Board nun auf einem Platz, den du jeden Tag zumindest einmal im Blick hast. Verwende es stets als Aufforderung zum In-deinen-Wunsch-hineinfühlen und losträumen. Natürlich kannst du dein Vision Board auch jederzeit ergänzen oder ein weiteres für den nächsten brennenden Wunsch zaubern. Ach ja, und vergiss nicht, auf der Rückseite das Datum zu notieren – es ist ganz schön spannend, später einmal rückblickend zu schauen, was alles in Erfüllung gegangen ist!

## Wunschkärtchen schreiben – so geht's

Ein weiteres wunderbares Tool, um deinen Wünschen Zugkraft zu verleihen, ist das Aufschreiben und Formulieren. Ich habe zum Beispiel immer mindestens ein „Wunschkärtchen" am Nachtkästchen liegen, auf dem steht, was ich gerne in mein Leben ziehen möchte. Wie ein Gebet lese ich mir dann immer abends vor dem Einschlafen selbst vor, was ich niedergeschrieben habe.

Deine Kärtchen kannst du aus Motivkarton ausschneiden. Dieser ist auf einer Seite gemustert und auf einer Seite weiß – du bekommst ihn in vielen hübschen Ausführungen im Papierfachhandel. Natürlich kannst du auch einfach Postkarten oder ein Notizbuch verwenden.

Schreibe darauf deine Wünsche so genau und präzise wie möglich auf – und formuliere sie immer positiv! Du formulierst also „Ich möchte keine Schmerzen mehr haben" besser in „Ich bin schmerzfrei und kann alle Bewegungen problemlos machen" um. Vermeide die Worte „nie", „keine" oder „nicht" und auch jeglichen Konjunktiv. Also statt „Ich möchte nie wieder ein Minus am Konto haben" oder „Ich hätte gerne mehr Geld" wähle lieber die Formulierung „Ich habe am Monatsende ein fettes Plus am Konto". Und wenn du das „fette Plus" noch genauer in Zahlen fasst, umso besser!

Das Niederschreiben deiner Wünsche soll dich nämlich geistig schon in den Zustand hineinversetzen, als ob du schon hättest, was du willst. Wenn du dir mit allen Sinnen ausmalst, wie schön, erleichternd, entspannt, großartig dann alles ist, dann bist du nämlich in der perfekten Wunsch-Energie und wirst zum Magneten für genau das, was du dir erträumst.

Du kannst dir auch verschiedene Kärtchen, Post-Its oder Notizblätter für unterschiedliche Lebensbereiche anlegen und immer eine Zeit lang auf eines davon fokussieren. Mal ist das Wunschthema „Beziehung und Partnerschaft" an der Reihe, mal ist es „Körper und Gesundheit" oder „Finanzen und Fülle". Hauptsache, du bleibst dran und wiederholst deine Sätze immer und immer wieder. Du wirst vielleicht auch mit der Zeit merken, dass dir für etwas eine noch bessere oder präzisere Formulierung einfällt. Dann schreibe dein/e Kärtchen einfach neu oder ergänze sie. Wunschträumen ist ein Prozess, bei dem du ständig dazulernst und immer wieder ins Staunen gerätst.

Ich jedenfalls wünsche mir jetzt von Herzen, dass dich meine Erfahrungen und Impulse dazu inspiriert haben, noch heute mit dem Wunschträumen zu beginnen und nie wieder damit aufzuhören. Du kannst so viel mehr erreichen, als du denkst! Du bist eine unglaublich starke Kraft. Nutze sie und lerne, aus der Fülle rund um dich herum zu schöpfen!

Glaube an dich und vertraue darauf, dass alles zu dir kommt, was gut für dich ist.
Dein Leben ist das Beste, was dir passieren kann.
Was du dir wünschst, spielt's!

## Deine Wunschtraummuschel ist bereit

Am Ende deiner Reise ist deine Wunschtraummuschel nun gut gefüllt mit positiven Gedanken und Möglichkeiten, wie du deine Träume leben und deine Wünsche verwirklichen kannst.

Genieße das Gefühl, dank deiner neu gewonnenen Stärke loszulegen und das Leben zu kreieren, das du dir schon immer gewünscht hast.

Am Schluss dieses Workbooks, der zugleich einen Beginn in deinem Leben markieren soll, lege ich dir noch ein Tool ans Herz, das mir vor jedem Neustart, jeder neuen Aufgabe und jedem neuen Projekt hilft: Positive Affirmationen. Sie stärken dich – vor allem in Situationen, in denen du dich unbewusst ausbremst.

Deshalb gebe ich dir als letzte Zutat für deine ganz persönliche Wunschtraummuschel folgende Sätze mit, die dir dabei helfen sollen, voller Freude und Kraft durchzustarten:

Der Wind steht gut.
Ich bin bereit und freue mich wie ein Kind auf alles,
was mir das Leben bietet!
Ich bin offen dafür,
neue Ideen und Inspirationen zu empfangen!
Ich setze alle guten Ideen und meine Wunschträume
voller Tatendrang und Kraft um!

Hör niemals auf zu träumen,
auch in herausfordernden Zeiten.
Du bist magisch!

Deine Karin Schranz-Klippl

# Danksagung

**Ich danke so vielen Menschen, denn allein hätte ich dieses Buch niemals herausgebracht.**

## Danke an...

...meinen Mann für die Unterstützung

...Iris F. für die Inspiration zum Workbook

...Lisa Keskin für das Autorencoaching

...Kristina für die vielen Telefonate und Informationen zum Verlag

...Alena, dass sie mich zur Mama gemacht hat und für die Inspiration zum Kinderbuch

...Helga, meine Grundschullehrerin, für den Glauben an mich und meine Talente seit meiner Kindheit und die beste Volksschulzeit überhaupt

...meine Jungs und meinen Mann, die geduldig auf mich verzichtet haben, als ich am PC saß

...meine Eltern

...Lisa Weber für die großartige Grafik und die Tipps zur Umsetzung

...Miri für die wundervollen Fotos

...Katja für das wunderschöne Makeup

...Rene für den Webshop auf meiner Website

...alle Co-Autorinnen für den Glauben an meine Idee und ihr Expertenwissen

...Conny Sellner für das Lektorieren, Editieren und Korrekturlesen

...die Druckerei Berger/Horn und Herrn Stany für den Druck

...alle Mamis in meinen Kursen

...alle Kinder, die bei meinen Lesungen und Veranstaltungen ihre Wunschträume teilen und mitfiebern

...ihre Eltern und alle Erwachsenen, die selbst einmal Kinder mit Wunschträumen waren, und für die ich dieses Buch geschrieben habe!

# Kontaktdaten

## Karin Schranz-Klippl

Gib mir gerne Feedback zu meinem Workbook oder schreib mir, wenn du Fragen hast, eine Holistische Beratung brauchst, dich gerne für einen Kurs anmelden oder eine interaktive Lesung oder ein Kinderevent buchen möchtest. Du kannst auch meine Bücher im Webshop bestellen, die ich gerne individuell für dich signiere.

| | |
|---|---|
| Website: | www.wunschtraummuschel.at |
| E-Mail: | info@wunschtraummuschel.at |
| Instagram: | https://instagram.com/stella.wunschtraummuschel |
| Facebook: | https://www.facebook.com/karin.klippl |

## Marguerite Harnoncourt

| | |
|---|---|
| Praxis: | Neulerchenfelderstraße 40, 1160 Wien |
| Website: | www.harnoncourt-coaching.com |
| E-Mail: | mh@harnoncourt-coaching.com |
| Instagram: | @margueriteharnoncourtcoaching |
| Pinterest: | @margueriteharnoncourtcoaching |
| Facebook: | @harnoncourtcoaching |
| Twitter: | @mh_coaching |
| Podcast: | „ALOHA – Anders leben ohne Angst" |

## Mag. Claudia Umschaden

| | |
|---|---|
| Website: | www.familientrainerin.com |
| E-Mail: | claudia@familientrainerin.com |
| Facebook: | www.facebook.com/cUmschaden |
| Instagram: | www.instagram.com/familientrainerin |

### Dr. Iris Floimayr-Dichtl

| | |
|---|---|
| **Website:** | www.mamafit.at/trainer/iris-floimayr-dichtl |
| **E-Mail:** | iris.floimayr@mamafit.at |
| **Instagram:** | www.instagram.com/mamafit_mitiris oder www.instagram.com/mamafit_official |
| **Facebook:** | https://www.facebook.com/groups/mamafit.diepersonaltrainer |
| **Youtube:** | https://www.youtube.com/channel/UCeAGeFpvUYDmIONag_tqc_Q |

### Mag. Ines Hofbaur

| | |
|---|---|
| **Website:** | www.demGutenmehrGewicht.com |
| **E-Mail:** | ines@demgutenmehrgewicht.com |
| **Facebook:** | www.facebook.com/demGutenmehrGewicht |
| **Instagram:** | www.instagram.com/ines_steine/ |

# Psychologische Hilfsangebote in Krisensituationen

## Telefonseelsorge
142, www.telefonseelsorge.at
Beratung per Telefon (0–24 Uhr), E-Mail oder Chat (18–20 Uhr)

## Kriseninterventionszentrum
01/406 95 95, www.kriseninterventionszentrum.at
Beratung für Menschen in Krisen via Telefon (Montag bis Freitag, 10–17 Uhr) oder E-Mail

## Sozialpsychiatrischer Notdienst Wien
01/313 30, www.psd-wien.at
Soforthilfe für Menschen in Krisen

## Corona-Sorgenhotline der Stadt Wien
01/4000 5300

## Helpline des Berufsverbands österreichischer Psychologen
01/504 8000, www.boep.or.at
Beratung am Telefon (Montag bis Freitag, 9 – 20 Uhr) und via E-Mail

## Rat auf Draht
147, www.rataufdraht.at
Beratung für Kinder und Jugendliche am Telefon (0–24 Uhr), per E-Mail und Chat

## Servicetelefon der Wiener Kinder- und Jugendhilfe
01/4000 8011
Beratung bei Fragen, Sorgen, Konflikten und Krisen in Familien,
Vermittlung zu den Angeboten der Kinder- und Jugendhilfe in Wien
(Montag bis Freitag, 8-18 Uhr)

## Hilfe für Angehörige psychisch Erkrankter bei HPE Österreich
01/5264202
Montag bis Freitag 10-20 Uhr (aus ganz Österreich)
www.hpe.at